Para Benjamin, con mucho cariño

Te quiero con todo mi corazón.

Cómo mejorar su matrimonio sin hablar al respecto

Patricia Love, Ed.D.
Steven Stosny, Ph.D.

Cómo mejorar su matrimonio sin hablar al respecto

Encuentre el amor más allá de las palabras

Traducción
María Candelaria Posada

GRUPO EDITORIAL
norma

Bogotá, Barcelona, Buenos Aires, Caracas, Guatemala,
Lima, México, Panamá, Quito, San José,
San Juan, Santiago de Chile, Santo Domingo

Love, Patricia
    Cómo mejorar su matrimonio sin hablar al respecto / Patricia Love, Steven Stosny ; traducción de María Candelaria Posada González. -- Bogotá : Grupo Editorial Norma, 2007.
    232 p. ; 23 cm.
    Título original : How to Improve Your Marriage Without Talking About It.
    ISBN 978-958-45-0148-6
    1. Psicoterapia de pareja 2. Matrimonio 3. Relaciones de pareja I. Stosny, Steven II. Posada González, María Candelaria, tr. III. Tít.
    616.8915 cd 21 ed.
    A1120816

    CEP-Banco de la República-Biblioteca Luis Ángel Arango

Título original en inglés:
How to Improve your Marriage without Talking about it
Finding Love Beyond Words
de Patricia Love, ED. D. y Steven Stosny, PH. D.
Una publicación de Broadway Books
Copyright © 2006 de Patricia Love y Steven Stosny
Copyright © 2007 para América Latina
por Editorial Norma S. A.
Apartado Aéreo 53550, Bogotá, Colombia
http://www.norma.com
Reservados todos los derechos.
Prohibida la reproducción total o parcial de este libro, por cualquier medio, sin permiso escrito de la Editorial.
Impreso por Imprelibros S.A.
Impreso en Colombia - Printed in Colombia

Edición, Adriana Martínez-Villalba
Diseño de cubierta, Ivan Merchán
Diagramación, Nohora E. Betancourt V.

Este libro se compuso en caracteres Adobe Garamond

ISBN 978-958-45-0148-6

*A Terrie Chase, que no tiene idea
de lo que me ha apoyado a través de los años.*

Pat Love

A mi madre, Barbara McCrocklin.

Steve Stosny

Contenido

Nota de los autores   IX
Introducción   XI

Parte uno
Por qué ha sido tan difícil mejorar la relación

1. Cómo rompemos la conexión
   El miedo y la vergüenza   3

2. Por qué peleamos
   La reactividad del miedo y la vergüenza   23

3. El macho silencioso:
   Lo que piensa y lo que siente   41

4. Lo peor que una mujer puede hacerle
   a un hombre: avergonzarlo   63

5. Lo peor que un hombre puede hacerle
   a una mujer: dejarla sola pero casada   71

6. Cómo el miedo y la vergüenza conducen
   a la infidelidad, la separación y el divorcio   85

Parte dos

Usar el miedo y la vergüenza para crear un amor más allá de las palabras

7. Sus valores esenciales — 99

8. Aprender a transformar el miedo y la vergüenza en la relación — 109

9. La visión binocular — 121

10. El lenguaje natural de la visión binocular
    Cuando el sexo habla, ¿quién necesita palabras? — 147

11. La única habilidad requerida para conectarse: lanzarse al charco — 165

12. Si quiere conexión olvídese de los "sentimientos" y piense en la motivación — 177

13. De hombre a hombre:
    Cómo fortalecer su relación
    sin convertirse en una mujer — 193

14. La Fórmula del amor poderoso
    Cuatro minutos y tres cuartos por día
    para una relación poderosa — 211

    Conclusión
    Si quiere amar en grande, tiene que pensar
    en pequeño — 225

    Agradecimientos — 229

Nota de los autores

Los estudios que apoyan este libro, como toda investigación, fueron elaborados sobre promedios grupales, no sobre individuos. Los estudios de género nos dicen mucho sobre grupos de hombres y mujeres pero no necesariamente sobre un hombre o mujer individual. Para apreciar esta diferencia entre los grupos y los individuos en la investigación de género, solamente hay que pensar en el tema de la altura. En promedio, los hombres son más altos que las mujeres, aunque hay muchas mujeres más altas que muchos hombres. La afirmación: "Los hombres son más altos que las mujeres" significa que si se toma una muestra al azar de aproximadamente veinticinco hombres y mujeres, la altura promedio de los machos excederá la altura promedio de las hembras, aunque habrá algunos hombres bajos y algunas mujeres altas en la muestra. Este libro discute las diferencias entre hombres y mujeres en cuanto a las maneras sutiles con que lidiamos con la vergüenza y el miedo, pero aceptamos que hay muchas excepciones individuales a las verdades que se aplican a cada grupo. No queremos forzar a ningún individuo, hombre o mujer, a hacer parte de una categoría sentimental ni en ninguna otra. Esperamos arrojar nueva luz sobre algunos problemas importantes que afectan la mayoría de las relaciones y ofrecer una fórmula para sobreponerse a estos problemas.

¡Sin implicaciones de política social, equidad, inteligencia o aptitud!

Estamos seguros de que nada en este libro tiene implicaciones de política social sobre asuntos como salario igual por trabajo igual o igualdad de inteligencia, aptitud, u oportunidad. Creemos fervientemente que los hombres y las mujeres han sido dotados con igualdad de dones intelectuales y aptitudes, y son igualmente merecedores de respeto y valoración. También creemos con fervor en que los conceptos de este libro nos van a ayudar a respetar y valorar el uno al otro con mayor apreciación de nuestra individualidad y conexión, y a entender cómo somos similares, cómo somos diferentes y cómo necesitamos sentirnos parte del otro.

Introducción

No se trata de comunicación

Empecemos por hacerles una pregunta a nuestras lectoras. Si le dijeran al hombre de su vida: "Amor, necesitamos hablar de nuestra relación", ¿qué creen ustedes que pasaría?

Si él contestara algo como: "¡Pensé que nunca lo ibas a decir!" o "Me he estado muriendo por compartir mis sentimientos sobre nuestra vida en común, y quiero oír especialmente cómo te sientes respecto a nosotros dos y qué quieres para nosotros", entonces ninguno de ustedes necesita leer este libro. La mayoría de las mujeres esperarían que sus hombres se distrajeran, se pusieran a la defensiva, se irritaran o se pusieran nerviosos, o alzaran los ojos al cielo o los cerraran por completo; y la mayoría de los hombres sentirían que los están castigando por un crimen que no cometieron. Sin duda usted ha tenido esta clase de conversaciones. Ella sabe qué decir, él también, y siempre terminan peor que cuando empezaron. No es de extrañar que las palabras que un hombre más teme son: "Amor, tenemos que hablar".

En nuestros talleres y en terapia, nos proponemos siempre preguntarles a las mujeres cómo les ha ido en el pasado al hacer hablar a los hombres sobre la relación. La mayoría contesta algo como: "No funcionó porque él no se puede comunicar. Se pone furioso, a la defensiva o impaciente. No le interesa". Bueno, resulta que cuando se trata de "hablar de la relación", los hombres saben algo que la mayoría de las mujeres no. La investigación y nuestros años combinados de experiencia clínica, más de cincuenta, nos muestran repetidamente que, a pesar de las mejores intenciones, hablar sobre la relación logra empeorarla, más que mejorarla. Y no tiene nada que ver con falta de interés o "inhabilidad para comunicarse" de su pareja.

Las mujeres quieren hablar de sus relaciones porque están molestas y quieren sentirse mejor. Los hombres no quieren hablar porque esto no los hará sentir mejor. ¡De hecho, empeorará las cosas! Así que sea que ella lo obligue a hablar o no, los dos terminan desilusionados y desconectados. Esta soledad de la desconexión está en el centro de cada discusión o frío silencio, alimentando la desilusión o el resentimiento, y también lleva a la distancia que en últimas puede romper la relación.

Creemos que el estrés crónico de la desconexión, que eventualmente afecta a la mayoría de las uniones de hombres y mujeres, nace de una ligera diferencia en la manera en que los sexos experimentan el miedo y la vergüenza, una diferencia que es observable poco después del nacimiento. Esta sutil diferencia es inherente a la pregunta: "¿Hablamos de la relación o no?". La verdadera razón por la que la mujer quiere hablar de ella, subyacente al resentimiento y a la frustración, es que la desconexión la hace sentir ansiosa y, a un nivel más profundo, aislada y temerosa. La verdadera razón por la que un hombre no quiere hablar de la relación es que la insatisfacción de ella con él lo hace sentir un fracasado. A un nivel más profundo, se siente avergonzado. Cuando tratan de aliviar los sentimientos de vulnerabilidad de maneras opuestas, hablando y no hablando, todo lo que terminan compartiendo es la decepción y el dolor del corazón.

Su relación puede fallar sin que ninguno de ustedes haga algo mal, si no entienden hasta dónde el miedo y la vergüenza impulsan la desconexión de uno del otro. Entender las vulnerabilidades mutuas de fondo y aprender a manejarlas le dará una nueva perspectiva sobre su relación; una perspectiva dual basada en ambos puntos de vista, que lleva a la conexión compasiva y al amor más allá de las palabras. La parte I de este libro le mostrará cómo el miedo y la vergüenza les han impedido a los dos obtener lo que más quieren de su vida en común. La parte II le mostrará cómo utilizar el miedo y la vergüenza para amarse el uno al otro de manera más profunda, sin pedirle a su pareja que haga ni un solo cambio. ¡Y usted puede hacer todo esto en solamente cuatro y tres cuartos de minuto al día, sin hablar jamás de su relación! Usted podrá hacerlo porque ambos lo quieren.

Él también quiere una relación cercana y amorosa

Créalo o no, la investigación y la experiencia clínica muestran que la mayoría de los hombres, incluyendo a aquellos que pasan por alto o no prestan atención a su pareja, quieren una conexión emocional más cercana y más profunda, igual que las mujeres. En la mayoría de los casos, los hombres ven a sus parejas como sus mejores amigas, sus confidentes más cercanas y las personas más importantes de sus vidas. Y a pesar de los estereotipos de ojos que los miran a todas y crisis existenciales, la mayoría de los hombres están satisfechos con la apariencia de sus parejas. De hecho, la mayoría no quiere que la mujer de su vida cambie de ningún modo significativo.

La investigación y la experiencia clínica también nos dicen que las relaciones de matrimonio y compromiso amoroso son más importantes para la salud y el bienestar de hombres y mujeres. Los hombres divorciados no trabajan tan bien, ni viven tanto, ni "sobreviven" con nada parecido a la calidad de vida de la que disfrutan los hombres casados. Tienen un riesgo mayor de alcoholismo, suicidio, enfermedad física y mental, desempleo y accidentes de automóvil u otros accidentes. Pierden contacto con los amigos, dejan de ir a la iglesia o a grupos sociales, y eventualmente se aíslan completamente, con excepción de cualquier compañía que puedan encontrar en un bar. En resumen, pierden el sentido y el propósito. *Sin una pareja, los hombres apenas parecen vivir.*

Si la investigación está en lo cierto, y nuestra experiencia clínica nos dice que está en lo correcto, los hombres y las mujeres quieren claramente la misma cercanía y conexión en una relación.

Entonces, ¿por qué la mayoría de nosotros termina como Marlene y Mark?

Marlene se siente desconectada emocionalmente de su marido. No está segura de cuándo pasó, pero siente como si una pared helada se hubiera levantado entre ellos. Al principio era un resentimiento callado, después irritación frecuente, y últimamente han estado peleando. Las mismas cosas que amaban el uno del otro son las que ahora se critican. Antes de casarse, Marlene se jactaba con sus amigas de cómo podía relajarse con Mark y su personalidad "maravillosamente suave". Sin embargo, ahora quiere que "¡se levante y haga algo de vez en cuando!" A Mark le encantaba su energía y simpatía. Ahora se queja de que ella "brinca por todas partes" y "les da tanto a los otros que no tiene tiempo para mí".

Es verdad; ella ha estado saliendo mucho más con sus amigas e incluso cuando está en casa, habla mucho con ellas por teléfono. Pero cuando trata de sacar tiempo para Mark, él siempre está distraído. Está en el computador o tiene la mano soldada al control remoto o simplemente no quiere hablar. Ella se siente estúpida al estar sentada junto a él en silencio cuando podría estar hablando con sus amigas, a quienes por lo menos les importa lo que ella les dice.

Marlene se pone muy triste cuando se acuerda de lo esperanzada que se sentía la semana pasada. Quería contarle a Mark del libro nuevo sobre relaciones que le había dado su amiga. Bueno, en menos de un minuto Mark dijo que era "más charla femenina, tonta y egoísta". Negó con la cabeza cada vez que ella le leyó un consejo y finalmente la cortó en la mitad de una frase.

"No importa que diga que es sobre nuestras necesidades, al final siempre se trata de las necesidades de ustedes. Estos libros dicen todos la misma cosa; para tener una buena relación un hombre debe volverse mujer". Ella trató de objetar, pero él salió de la habitación con la última palabra sobre el asunto: "Esa porquería no es para mí".

El mes pasado ella logró que ensayaran algunos "ejercicios íntimos" que encontró en una revista. Pero pronto él perdió el interés y fingió que los estaba haciendo, lo que hizo que ella se sintiera peor. Hace tres meses él pareció cooperar con un programa de "reavivar el romance" que ella vio en televisión, pero él terminó saboteando todas las partes que no tenían que ver con sexo. El año pasado, después de meses de resistencia, ella logró llevarlo donde un consejero matrimonial. Pero tan pronto terminó la primera sesión, él le dijo que no volvería.

"Bueno, hice bien", dijo él. "Sabía que me iban a culpar por todo".

Él estuvo de acuerdo en ir a un seminario de un fin de semana sobre enriquecimiento del matrimonio y de hecho pareció que le gustaba. Durante una semana o algo así, se sintieron mucho más cercanos. Incluso él aprendió a escuchar. Entonces un día ella le pidió que llevara a los niños donde la mamá de él para que pudieran gozar juntos de una cena romántica esa noche. De repente, él explotó por sus "constantes demandas" después de que él había pagado "su maldita cuota" al ir al seminario.

"¡No puedo ser así todo el tiempo!" se quejó él.

"Tú ya no me quieres", acusó ella. "¡Sólo me das unas migajas de vez en cuando!"

"Nadie podría hacerte feliz", replicó él. "Nunca estás satisfecha".

Millones de parejas sufren la misma confusión y dolor que Marlene y Mark. Usualmente se culpan el uno al otro, pero a veces atribuyen su dolor al dinero, a los niños, a los suegros, problemas en el trabajo o simplemente "un mal día". No hay duda de que discuten frecuentemente sobre estas cosas, pero de ninguna manera ellos son la fuente del dolor y la desconexión. Más aun, no van a corregir las causas de su dolor por medio de habilidades de comunicación o "hablando de la relación".

Se trata de la conexión

La desconexión macho-hembra es el factor único de la elevada tasa de divorcios. Casi el 80 por ciento de los divorciados dicen que "se alejaron". Esto es tan trágico por ser tan innecesario. Marlene no quiere otra amiga; quiere una conexión más profunda con su marido. Sus intentos femeninos por conseguir lo que ambos quieren fallarían, incluso si Mark no se opusiera. Esto ocurre porque el problema no es de "comunicación"; es de desconexión. **No están desconectados porque no tengan buena comunicación; tienen mala comunicación porque están desconectados.** Al principio de la relación, cuando se sintieron conectados, se comunicaban divinamente. Hablaban horas y horas. Cuando Marlene le expuso sus sentimientos vulnerables a Mark, él respondió con protección y apoyo. Ella se enamoró porque se sentía conectada sentimentalmente con él, y la creencia de que él iba a estar siempre ahí para ella aplacó sus temores. Mark también se enamoró porque se sintió conectado sentimentalmente con Marlene. Ella hizo que él se sintiera importante y exitoso como amante, protector y proveedor, lo cual reducía cualquier amenaza de sentirse inadecuado. Su mejor oportunidad para salvar su matrimonio es volver a este estado de conexión mutua, de tranquilidad y de empoderamiento.

Este libro le mostrará cómo volver a establecer la clase de conexión que tenían cuando se enamoraron por primera vez, pero en un nivel mucho más profundo. Los guiará a usted y a su pareja hasta la sensibilidad de fondo que los acercó al principio, y los capacitará para forjar la conexión más profunda que sus corazones anhelan secreta y poderosamente: un amor que vaya más allá de las palabras.

Parte uno

Por qué ha sido tan difícil mejorar la relación

Uno

Cómo rompemos la conexión

El miedo y la vergüenza

Las cosas no estuvieron siempre tan mal para Marlene y Mark. Hubo un tiempo en que amaban la conexión que sentían; todos sus amigos se maravillaban por lo cercanos y conectados que estaban. Todavía pueden recordar vívidamente los buenos tiempos, pero en lugar de sentir consuelo, estos recuerdos de la cercanía que una vez tuvieron los llenan ahora de tristeza y un profundo sentimiento de pérdida. A menudo se preguntan cómo llegaron a este estado solitario. Su historia es muy triste porque es muy común.

Marlene y Mark llegaron a este estado crónico de desconexión sin que ninguno de los dos hiciera nada mal. Marlene nunca ha entendido que Mark, como la mayoría de los hombres, sufre de una alta propensión a sentir vergüenza y a sentirse inadecuado (¿cómo podía ella entenderlo? El impulso de él cuando siente vergüenza es esconderse, así no le tiene que contar a ella. En cambio, lo disfraza con irritación, impaciencia y rabia). Ella no entiende que cada vez que trata de mejorar la relación, el mensaje principal que Mark oye es que él no está cumpliendo las expectativas de ella; él le está fallando, lo que le hace sentir dolor por sentirse inadecuado. Mientras trata de mantener alejada la sensación de fracaso, Mark no es sensible al miedo de Marlene de estar aislada y abandonada. Al principio de la relación, él sintió la necesidad de ella de conexión y nunca esperó quererla abandonar. Pero ahora no se imagina de que cada vez que él rechaza las propuestas de ella o levanta la voz con furia, únicamente para protegerse, la está empujando más lejos y más profundamente hacia el dolor del aislamiento.

Es muy fácil para las parejas caer en esto, porque los diferentes puntos vulnerables que influencian de manera tan importante el modo en que los hombres y las mujeres interactúan son virtualmente invisibles. En el comienzo de la relación, los químicos para enamorarse que secretan nuestros cerebros facilitan la concentración en los sentimientos más sutiles de cada uno. Pero cundo el efecto de esos químicos desaparece, en un lapso de tres a nueve meses, necesitamos hacer un esfuerzo más consciente para proteger los puntos vulnerables de cada uno. Para hacer esto, necesitamos entender primero los diferentes puntos vulnerables de los hombres y las mujeres y cómo los manejamos en nuestra relación.

Cómo somos diferentes: miedo y dolor

Las diferencias que subyacen a los puntos vulnerables de los machos y las hembras son biológicas y están presentes en el nacimiento. Las niñas, desde el primer día, son más sensibles al aislamiento y la falta de contacto. Sin duda esta sensibilidad evolucionó como una importante habilidad de supervivencia diseñada para mantener a la hembra en contacto no sólo con su prole, sino con otros del grupo que le ofrecieran protección. En los días de los predadores ambulantes, la única esperanza de sobrevivir era ayudar al otro a mantener alejado al enemigo. Una mujer o un niño solos eran presas seguras. Así que, a través de milenios, las mujeres desarrollaron una clase de guía interna que las mantiene conscientes de la cercanía y la distancia en todas sus relaciones. Cuando una mujer se siente cercana, puede relajarse; cuando se siente distante, se siente ansiosa. Es por esto que una bebé puede sostener la mirada durante un largo rato. La cercanía del contacto visual la reconforta. También esto explica por qué, si la dejan sola por el mismo lapso, una bebé llorará y se quejará antes que un bebé. Esta elevada sensibilidad al aislamiento hace que las hembras reaccionen con fuerza ante la rabia, el retraimiento, el silencio u otra señal de que la otra persona no está disponible. A ellas les da más miedo estar fuera de contacto que a los machos. Esto no quiere decir que los machos prefieran el aislamiento o la distancia; es solamente que las hembras sienten más incomodidad cuando no están en contacto.

A los hombres les cuesta trabajo entender el temor de una mujer y el dolor que lo acompaña. Una razón es que el miedo de una mujer provoca vergüenza en un hombre: "¡No deberías sentir miedo conmigo como protector!" Es por esto que él se pone furioso cuando ella está ansiosa o molesta. Pero hay otra razón por la cual los hombres no entienden el miedo de las mujeres. No saben cómo se siente. Las investigaciones muestran que la diferencia más grande entre los sexos en cuanto a los sentimientos está en la frecuencia e intensidad del miedo; con cuánta frecuencia y cuánto miedo sienten. Las niñas y las mujeres experimentan y expresan mucho más temor, como se ha medido en contextos sociales y en experimentos de laboratorio que inducen el temor. Las niñas recién nacidas se asustan con más facilidad que los niños. Las niñas y las mujeres sienten más miedo a los ruidos fuertes y los cambios súbitos del medio. Son más ansiosas y se preocupan mucho más que los niños y los hombres. Las mujeres sienten un miedo notoriamente mayor al crimen, aunque son víctimas de él en menor proporción. Son más propensas a pensar en las consecuencias dañinas de su comportamiento, lo que las ayuda a evitar conductas muy arriesgadas. Sufren de más fobias y las visitas médicas o dentales les dan mucho más temor que a los hombres. El hecho de que vayan donde los médicos y los dentistas con mayor frecuencia puede ser un tributo a su valor (la habilidad para sobreponerse al miedo) o un resultado de su sensibilidad general a la ansiedad y la preocupación, que puede hacerles temer las consecuencias de no ir incluso más veces.

Otra razón por la que las mujeres temen más el daño puede ser que sientan más dolor. Los datos científicos sugieren que las mujeres sufren mucho más dolor físico que los hombres, sin contar los partos. Ya a los dos años de edad las niñas lloran más duro y más vigorosamente que los niños, en respuesta a un estímulo medianamente doloroso. Cerca del 90 por ciento de los desórdenes crónicos de dolor afligen a las mujeres. A los hombres les cuesta trabajo sentir empatía hacia el temor y el dolor de sus esposas, tanto porque desde la infancia los han condicionado a aguantar el dolor como porque a ellos no les duele así.

Cómo somos diferentes: hiperactivación y vergüenza

Aunque los bebés sienten menos miedo y dolor que las bebés, ellos tienen una sensibilidad elevada a cualquier tipo de estimulación abrupta, lo que les genera una propensión a la hiperactivación, es decir, a las reacciones al más pequeño estímulo. Los infantes machos se sobresaltan cinco veces más que las hembras y reaccionan a estímulos muy pequeños: un ruido estomacal puede sobresaltarlos (se puede observar esta diferencia al visitar una sala de neonatos en un hospital). Esta propensión a la hiperactivación ante pequeños estímulos significa una clara ventaja para sobrevivir. Debido a su mayor fuerza y masa muscular, el macho está mejor equipado que la hembra para luchar contra los depredadores. Ya que los depredadores principales de los humanos los acechaban y los atacaban sigilosamente, los machos necesitaban responder con conductas de "lucha o huída" en una fracción de segundo.

Debido a su alta sensibilidad a la hiperactivación, los niños recién nacidos tienen que protegerse contra la incomodidad de la sobre-estimulación. Por esto los bebés niños tienen que tener contacto visual y otros contactos íntimos en dosis pequeñas. Si usted tiene un niño y una niña habrá notado esta diferencia. Su bebé niña podía sostener el contacto visual casi tan pronto como llegó a la casa. Usted podía contemplar sus grandes ojos (ella los agranda para interiorizar su mirada) por horas. Pero su niñito no podía mantener este tipo de contacto visual antes de los seis o nueve meses de edad, si es que lo hacía. Cuando usted lo miraba profundamente a los ojos, probablemente él miraba hacia abajo, luego hacia sus ojos, después arriba, de nuevo hacia sus ojos, después hacia un lado, de nuevo hacia sus ojos, después al otro lado, de nuevo hacia sus ojos. Estaba interesado en usted, si no no hubiera vuelto a mirarla, y ciertamente no tenía miedo de usted. Su atención intermitente era la manera de estar en contacto con usted sin quedar abrumado. Es importante notar que esta es una función de la sensibilidad a la hiperactivación, no de su habilidad para concentrarse, como muchos padres suponen equivocadamente. Los bebés niños pueden concentrarse en usted sin mirarlo directamente a los ojos, y no tienen problema para concentrarse en objetos inanimados.

Cuando se trata de relaciones, las mujeres a menudo interpretan esta reacción protegida, que los machos conservan durante toda la vida, como falta de interés o desamor. La mayor parte del tiempo, él no ha perdido el interés; está solamente tratando de evitar la abrumadora incomodidad de una descarga de cortisol que acompaña la hiperactivación. El cortisol es una hormona secretada durante ciertos sentimientos negativos. Su función es la de atrapar la atención haciéndolo sentir incómodo para que la incomodidad lo impulse a hacer algo para mejorar la situación. El dolor que una mujer siente cuando su hombre le grita es producto de una descarga súbita de cortisol. Un hombre siente esta incomodidad cuando se enfrenta a la infelicidad o a la crítica. Puede parecer que está evitando a la mujer, pero esencialmente está tratando de evitar una resaca de cortisol durante las horas siguientes.

Entonces, ¿Cómo se traduce la propensión masculina a la hiperactivación en hipersensibilidad a la vergüenza? Primero que todo, los niños y las niñas experimentan vergüenza, como es una reacción de parar y esconderse. El significado de la raíz de la palabra vergüenza es "cubrir o esconder"*. Cuando usted se avergüenza quisiera meterse a un hueco, y un niño que siente vergüenza quiere cubrirse la cara porque no soporta mirarlo a usted. Si usted está jugando con un infante, niño o niña, y súbitamente rompe el contacto visual y da la vuelta, él o ella experimentarán las demostraciones físicas de

---

* Aquí el autor hace referencia a la palabra *shame*, (vergüenza en inglés), que viene de *kem*, que significa cubrirse o esconder (nota de la e.).

la vergüenza: rostro enrojecido, expresión facial retorcida, músculos tensionados y otros signos de malestar más general, especialmente si él/ella estaba interesado o disfrutaba del contacto visual. De esta manera, la vergüenza acompaña el interés o el disfrute; los bebés tienen que estar interesados en algo o sentir disfrute para experimentar vergüenza cuando eso acaba abruptamente (aprendemos a nombrar esta caída abrupta del interés o el disfrute como "rechazo", que es lo que usted siente cuando la interesante conversación con un amigo se interrumpe abruptamente por una llamada en espera). Debido a que las niñas pequeñas se sienten más cómodas con períodos más largos de contacto visual, quienes las cuidan tienden a mirarlas más y a romper el contacto visual con menos frecuencia, y esto significa que las niñas experimentan la reacción de vergüenza asociada con la desconexión abrupta con menos frecuencia. Por otra parte, si los padres y quienes cuidan a los niños no entienden la necesidad de los pequeños de tener ciertas dosis de contacto visual, romperán el contacto visual abruptamente cuando el niño mire para otro lado, reforzando constantemente la reacción de vergüenza, la cual se agranda por el cortisol que la reacción produce. Los machos que experimentan esto una y otra vez desarrollan una hipersensibilidad a la vergüenza.

Los estudios muestran que los padres miran a los ojos a sus niñitas (y les hablan dulcemente mientras lo hacen) 50 por ciento más de lo que miran a los ojos a sus niñitos. Con sus hijos se ríen y hacen ruidos no verbales, les muestran juguetes, les hacen cosquillas o los alzan para sacudirlos o jugar con fuerza con ellos. Ambas clases de juego son de alta calidad; los niños y los padres las disfrutan enormemente; pero son cualitativamente diferentes. Los niños pequeños necesitan el contacto íntimo, aunque en pequeñas dosis, tanto como necesitan el juego activo. Las niñas pequeñas necesitan el juego activo tanto como necesitan el contacto íntimo.

La intimidad es más riesgosa para los niños cuando han sentido vergüenza asociada consistentemente a ésta: *si me gusta mucho,* aprenden los niños, *me la van a quitar, porque yo no lo hago bien.* Desde el principio, muchos niños sienten que ellos no pueden mantener las relaciones íntimas. Las niñas pequeñas pueden mantener el contacto visual, mientras los niños pequeños se sienten abrumados y miran para otro lado. Esta brecha en el contacto visual es especialmente triste porque el contacto visual es nuestra principal fuente de intimidad a lo largo de nuestras vidas. Los niños y los hombres están privados de la intimidad misma que les ayudaría a sobreponerse a su vulnerabilidad a la vergüenza. Si usted tiene un bebé hombre, debe entender que a él le gusta el contacto visual, pero tiene que ser más paciente con él y no empezar a hacerle cosquillas cuando él mira para otro lado. Lo mejor que puede hacer por su pequeño hijo para ayudarle a manejar la vergüenza es permitirle sentir el consuelo del contacto visual gradualmente, a su propio ritmo. Siga mirándolo y notará que él se concentrará en sus ojos por períodos más y más largos. Solamente con ser sensible a las diferencias invisibles en los puntos vulnerables de machos y hembras puede cambiar su percepción y profundizar su conexión, sin hablar del tema.

Cómo evitar el miedo y la vergüenza

Gran parte del tiempo el miedo de la mujer y la vergüenza del hombre son inconscientes, no nos damos cuenta de ellos. Se puede vivir toda una vida sin oírle decir a un hombre: "Me siento avergonzado cuando te asustas si estoy conduciendo" o a una mujer: "Quiero ese bolso Gucci para aplacar mi miedo a la privación". En cambio, se verán los indicadores del miedo y la vergüenza: resentimiento y furia (culpar a alguien más por su miedo y su vergüenza); materialismo (proveer ilusiones de estatus para un hombre y de seguridad para una mujer); ser muy complaciente (hacer cosas en detrimento del yo para obtener la admiración o aprobación de otros); obsesiones (pensamientos que no puede quitarse de la cabeza) y comportamientos compulsivos como comprar, comer o beber compulsivamente. Todos los anteriores tienen efectos temporales para aliviar el dolor y alivian el temor y la vergüenza.

No son nuestras diferencias innatas de miedo y vergüenza las que nos separan; es cómo manejamos esas diferencias. Si se manejan a través de la crítica, la defensa propia, el retiro o la culpa, la relación va a fracasar; así de simple. Si se manejan con la inspiración de mejorar, apreciar, conectar o proteger, como aprenderá en este libro, la relación va a florecer. Pero requerirá atención consciente durante un tiempo para sobreponerse a la fuerza de algunos hábitos que empezaron a formarse muy temprano en su vida.

Desde la niñez temprana, las niñas evitan el miedo construyendo alianzas y forjando vínculos sentimentales; se encuentra consuelo y fuerza en los grupos. Sin pensarlo, Marlene reaccionó a su miedo inconsciente al aislamiento buscando más cercanía con Mark y sus amigas. Este mecanismo se llama cuidar y hacer amistades*. Las mujeres reaccionan ante las situaciones de estrés protegiéndose a ellas mismas y a sus hijos (lo que tiene que cuidar) y formando alianzas con otros, particularmente mujeres, (lo que tiene que guardar: sus amistades). Las mujeres se unen ayudándose unas a otras en los tiempos difíciles. Entre más hablan de sus problemas, más cercanas se sienten.

Debido a que los vínculos sentimentales son la fuente principal de consuelo para las mujeres, las horroriza el que los hombres traten de lidiar el estrés de maneras que parecen amenazar los vínculos sentimentales, por ejemplo: distracción (trabajo, televisión, computador, pasatiempos); búsqueda de estatus (trabajo, deportes, comprar juguetes caros); cierre emocional (si no siente nada, no se va a sentir inadecuado); rabia (si adormece el dolor, no lo va a sentir); y agresión (si ejerce poder y control, no sentirá la impotencia del fracaso y o del sentirse inadecuado).

Lo que a las mujeres les cuesta más trabajo entender es esto: para el macho promedio, las relaciones no son una fuente confiable de consuelo. El mayor dolor de un hombre viene de la vergüenza, debido a lo inadecuado que se siente en las relaciones; por lo tanto, buscar consuelo en la relación es como buscar consuelo del enemigo. Hablar de la relación, lo que garantiza que él se acuerde de su estado inadecuado, es el último método que él buscaría como

---

* Universidad de California, Los Ángeles, la psicóloga Shelley Taylor, Ph.D., junto con cinco colegas, desarrolló el modelo.

consuelo, está en la misma categoría que elegir una cama de clavos para dormir. Es por esto que a menudo ocurre la reacción de luchar o huir, para aliviar su angustia y no hacia una charla de corazón a corazón con la mujer de su vida. Luchar o huir es el equivalente masculino de cuidar y hacer amistades.

Observe este cliché de una discusión en una relación. La mujer está hablando sin parar, sigue al hombre de habitación en habitación (para cortar su huida), hasta que él no aguanta más y empieza a pelear con ella. Aunque es familiar para muchas mujeres, este escenario no es siempre el caso. A veces es el hombre el que no se puede dormir hasta que "hablemos de esto", mientras la mujer, exhausta por el día tan pesado, trata de cubrirse la cabeza con la almohada y dormirse. Pero hemos notado que aun en esta inversión de géneros, la diferencia del miedo y la vergüenza está funcionando en secreto. La mujer que sigue a su hombre que huye de habitación en habitación está tratando con valor, pero equivocadamente, de obtener una conexión y despejar su miedo al aislamiento. Pero cuando el hombre la tiene despierta toda la noche hablando de "el problema", él está tratando de probar que él tiene la razón, lo cual reduce su vergüenza; está tratando de ganar la pelea, no de hacer una conexión.

La respuesta masculina de luchar o huir se ve comúnmente en casos de agresión y competencia. Usted habrá visto, sin duda, a niños que exhiben estos comportamientos en la vecindad, en el patio de recreo de la escuela, y en su propia sala. Para apreciar la relación de la agresión y la vergüenza, usted tiene que entender solamente lo que estos sentimientos tan poderosos le hacen a la mente y al cuerpo. Con fuertes dosis de cortisol, la vergüenza duele como el diablo y absorbe toda la energía; lo que usted quiere hacer es esconderse en un hueco. Su mensaje es que algo produce rechazo o fracaso: ¡Deténgalo y escóndalo! La rabia viene al rescate con sus efectos analgésicos parecidos a las anfetaminas, adormece el dolor y da una nueva inyección de energía (es por esto que los animales heridos son tan furiosos y los atletas pueden romperse un hueso durante un juego y no darse cuenta). La rabia y la agresividad alejan la vergüenza porque adormecen el dolor y llenan el vacío de energía que la vergüenza crea. Todo lo que tiene que hacer para que un hombre se vuelva agresivo física o verbalmente es amenazarlo con la vergüenza: "¡Eres un endeble, un perdedor, un inútil y tienes el pene pequeño!". Como se dice comúnmente: ¡Esas son palabras mayores!

La vergüenza es tan dolorosa para los hombres que harán muchas cosas para evitarla. La mayoría de las esposas serían ricas si les pagaran por cada vez que han tenido que recordarles a sus hombres de las citas medicas y dentales. Él está evitando el miedo de lo que Deborah Tannen llama "la posición de abajo" en búsqueda de ayuda; esto es, él se siente inadecuado por necesitar algo (sí, es por esto por lo que no piden instrucciones). Usted puede pensar que él tiene miedo de ir al doctor, pero los hombres no se dan el lujo de sentir miedo porque el miedo dispara un terror más profundo de fracaso, inadecuación o pérdida de estatus. La experiencia del miedo es un fracaso para los hombres: se sienten cobardes o endebles, y si otros hombres los saben, podrían perder estatus. "La muerte antes que la deshonora" no es una frase que se asocie con grupos de mujeres. Y no parece existir ninguna cultura que mande a sus niñas preadolescentes a la selva a ganarse su feminidad venciendo el miedo.

No nos malinterpreten, a las mujeres también les produce horror la vergüenza del fracaso, pero la vergüenza tiende a disparar más profundamente su miedo al daño y al aislamiento. La vergüenza de Marlene puede resumirse así: "Si yo fracaso, nadie me va a querer, ni ayudar, ni consolarme". Pero Mark se siente más así: "Si yo fracaso, no podré ayudar, ni querer, ni dar consuelo y no seré digno de tu amor, ayuda ni consuelo". Cuando una mujer fracasa en el trabajo, quiere más cercanía en su relación. Cuando un hombre fracasa en el trabajo, queda propenso a pelear con su esposa o a alejarse de ella y querer estar solo.

La diferencia biológica entre los sexos es ligera al momento del nacimiento y no genera la gran diferencia en comportamiento que vemos en los adultos. La mayor parte de esta diferencia viene de la cultura y la socialización, la que, desde la infancia temprana, fija maneras estrictas de evitar la vergüenza y el miedo basadas en el género. El estereotipo de la disciplina de los infantes es invocar la vergüenza para los niños: "¡No, niño malo!" y el miedo en las niñas: "¡No, te vas a hacer daño!" Quienes cuidan niños y niñas reconocen que la sola amenaza de unas palmadas controla el comportamiento en las niñas, mientras que los niños reciben más castigos corporales, disciplinas humillantes y abusos físicos debido a que el miedo no los detiene. Aun los niños y niñas pequeñas son conscientes de esta diferencia. Un estudio de niños y niñas de ocho años mostró que tanto los niños como las niñas esperaban que los niños recibieran formas más humillantes de disciplina que las niñas por los mismos comportamientos. Los niños y las niñas también creían que los castigarían de forma diferente si fueran del sexo opuesto. Los padres reconocen que la sola amenaza de daño o perjuicio controla a las niñas, pero con sus niños cometen el trágico error de infligirles daño para obtener su atención, lo que sólo logrará volverlos más agresivos o más retraídos. Si usted patea a un cachorro, ¿qué clase de perro tendrá?

Ensaye este ejercicio. Tómese un momento para imaginar a una niñita llorando de vergüenza. Se siente tan mal que ni siquiera puede levantar los ojos hacia usted; su cara sollozante está enterrada entre las manos y ella tiembla por el dolor del rechazo. El primer impulso suyo es tomarla entre los brazos y consolarla y perdonarla por lo que sea que haya hecho. Cuando se dirige a un grupo de personas, Steven siempre les pregunta a los hombres en la audiencia: "¿Cuando eran pequeños, qué pasaba si lloraban y mostraban que se sentían avergonzados?" Casi todos dicen que los molestaban o los herían más: "¿Eres afeminado?" o "¡Llorón!" o "¡Voy a darte algo para que llores de verdad!"

Los niños pequeños sienten tanto instinto de llorar de vergüenza como las niñas. Casi siempre, las niñas obtienen consuelo cuando lo hacen, mientras que los niños son rechazados cuando lloran. Para obtener la cercanía que quieren, las mujeres han aprendido a exponer su vulnerabilidad; los hombres han aprendido a esconderla.

Para entender mejor nuestros puntos vulnerables más profundos, haga este experimento. Haga una lista de las cosas que usted más teme que le sucedan alguna vez, no importa si no son factibles.

¿A QUÉ LE TEME MÁS?

Lista de las mujeres	Lista de los hombres
1.	1.
2.	2.
3.	3.
4.	4.

Si usted es una mujer, su lista probablemente contiene puntos que, por lo menos indirectamente, involucran la posibilidad de un perjuicio (ser golpeada o violada), aislamiento (pérdida de los seres queridos; nadie que la cuide o se preocupe por usted) y privación (falta de comida, techo, consuelo, o las cosas que la hacen sentir bien). La lista del hombre tendrá muchos menos puntos como éstos (si los hombres sintieran más miedo, no harían tantas cosas riesgosas y peligrosas desde que son niños hasta la crisis de la edad mediana). La lista masculina de las cosas a las que más temen es principalmente sobre la posibilidad del fracaso, la inadecuación o la pérdida de estatus; incapacidad de proteger a alguien que ama, que no lo promuevan en el trabajo, que lo despidan, o la pérdida del respeto de los demás. Puede parecer que exista la privación en la lista del hombre: perder su potencia sexual o su casa, automóvil o los tiquetes para la temporada de fútbol, pero el temor subyacente es que la pérdida de estas cosas significará fracaso y pérdida de estatus, no privación. Una mujer pensará en cómo sería la vida sin ciertas cosas; un hombre pensará en que no podría mirar a los otros a la cara si perdiera estas cosas.

He aquí otro ejemplo. Los hombres y las mujeres le temen a la indigencia por igual pero de modos diferentes. Las mujeres hablan del perjuicio, el aislamiento y la privación como sus miedos principales si tuvieran que vivir en la calle: "Alguien podría hacerme daño", "Nadie se preocuparía por mí" y "Sentiría mucho frío, hambre y no me podría bañar". Los hombres dicen que lo que menos podrían tolerar si tuvieran que vivir en la calle sería que los vieran como fracasados. "No podría tener la cabeza en alto" es una respuesta masculina frecuente. Que los golpeen o se sientan aislados ni se les ocurre a muchos hombres hasta que oyen a una mujer mencionar eso y entonces dirán: "Ah, bueno, eso tampoco sería bueno".

Un ejemplo extremo de nuestros diferentes puntos vulnerables se ve en cómo se suicidan los hombres y las mujeres. Miles de hombres se quitaron la vida después de la caída de la bolsa en 1929, pero sólo un puñado de mujeres hizo lo mismo, aunque habían perdido tanto dinero y estatus como sus esposos. Las pocas mujeres que se mataron habían enviudado, estaban aisladas y abandonadas, y sus maridos no habían podido ver más allá de su propio sentimiento de fracaso, inadecuación y pérdida de estatus. Los hombres desesperados tienden a usar el suicidio para escapar del fracaso en el trabajo, lo que estimula un sentimiento más profundo de vergüenza por inadecuación como proveedor y protector, mientras que las mujeres desesperadas tienden a escapar del aislamiento. Una mujer podría pensar en el suicidio si siente que nadie la quiere; un hombre lo hará si siente que no merece el amor de nadie porque es un fracasado.

La diferencia entre sexos en la vulnerabilidad al miedo y la vergüenza no es únicamente de humanos; puede observarse en la mayoría de las especies de animales sociales. Las hembras son más temerosas; incluso cuando son las cazadoras principales, y los machos se guían más por el estatus. El miedo femenino estimula la agresión protectora en los machos de la mayoría de las especies de animales sociales. Debido a sus sentidos más agudos de oído y olfato, las hembras del grupo sirven como sistema de alarma. Cuando una hembra oye algo a medianoche, los machos se levantan agresivos y forman un perímetro alrededor de las hembras, las cuales se ocultan con sus crías. Los machos no tienen un sentido directo de los invasores; solamente reaccionan al miedo de las hembras. Este mismo escenario se da en la mayoría de las familias humanas. La mujer oye algo a medianoche y se asusta. Despierta a su marido dormido.

"¡Ve a ver qué es!", le susurra.

Medio dormido y sin anteojos, él tambalea por las escaleras con un bate de béisbol, mientras que ella va a vigilar a los niños y espera ahí el anuncio de él de que todo está en orden.

¿Somos diferentes en la manera de amar o en las maneras en que evitamos la vergüenza y el miedo?

Usted puede haber oído que las investigaciones muestran una diferencia entre los sexos en los sentimientos sociales: en general, las mujeres son más cariñosas, compasivas, y solidarias. Creemos que esta diferencia aparente se debe a las diferencias en nuestros puntos vulnerables más que a los sentimientos positivos en sí. Es más riesgoso para las mujeres no invertir en el amor, la compasión y la solidaridad, porque serían más vulnerables al miedo a un perjuicio, aislamiento o privación si no lo hacen. Y es más riesgoso para los hombres invertir mucho en el amor, la compasión y la solidaridad porque eso los haría más vulnerables a sentirse fracasados como amantes, proveedores, protectores y padres. Cuando los hombres no tienen alternativa; por ejemplo, cuando son padres solos, abandonan sus hábitos de evitar la vergüenza y se vuelven más amorosos, compasivos y solidarios. Aquí están las buenas noticias para todos. **Mujeres, los hombres de sus vidas serían definitivamente más amorosos, compasivos y solidarios si ustedes pueden entender y aceptar su vulnerabilidad a la vergüenza y reducen las maneras en que ustedes la provocan.**

Cómo nos acercan el miedo y la vergüenza: nos aliviamos mutuamente

Piense en el comienzo de su relación.

¿Cuántas mujeres se enamorarían de un hombre que aclarara que él necesita aprobar cualquier dinero que ella gaste en sí misma? ¿Le habría parecido tan maravilloso si él hubiera dicho que después de casados él saldría todas las noches con los amigos, así usted se quedara sola o no? ¿O le parecería bien que el padre de él le pegara a la madre de vez en cuando? Una gran razón por la que usted se enamoró es porque creía a un nivel profundo que él sería generoso, dentro de sus medios económicos, por lo menos, atento y buen compañero y que ni se le ocurriría herir sus sentimientos o su cuerpo.

¿Cuántos hombres se enamorarían de una mujer que pensara que ellos eran unos perdedores, malos en la cama, o unos debiluchos? Un hombre necesita creer que su pareja estará complacida por sus éxitos, le encantará cómo hace el amor y se sentirá segura con él.

Así es para la mayoría de las parejas. Él tranquiliza la ansiedad de ella y ella alivia la vergüenza de él simultáneamente, y cada uno hace que el otro se sienta importante y valioso. Esta compasión y cariño mutuos son la base de la conexión.

Cómo nos alejan: la ansiedad de ella causa la vergüenza de él y la vergüenza de él causa la ansiedad de ella

Al final de su primer año de matrimonio, Mark empezó a oír las peticiones perfectamente razonables que hacía Marlene de más cercanía: *La manera cómo me amas no es suficiente*. Esto lo lanzó hacia su comportamiento para evitar la vergüenza: distracción, frialdad, control, crítica o gritos. Por supuesto, este comportamiento solamente aumentó el miedo de Marlene al perjuicio, el aislamiento y la privación. Este patrón es tan común que probablemente usted conoce pocas parejas que no hayan tenido la siguiente experiencia al conducir. La pasajera se asusta por un ruido súbito o algo que ve en la calle. Su hombre interpreta su reacción involuntaria como un asalto a su capacidad de conducir. Él se enfurece y conduce con más agresividad y ella se asusta más. Discuten, cada cual siente que el otro es insensible, desconsiderado e inmaduro. De manera similar, muchos hombres se sienten al menos ligeramente insultados por la sutil ansiedad de sus esposas mientras caminan juntos por una estacionamiento oscuro por la noche si ven el miedo como un juicio a su suficiencia como protectores. "¿De qué te preocupas? ¡Estoy aquí para cuidarte!" Con el tiempo comienzan a no tener en cuenta la ansiedad de sus esposas para protegerse de su propia vergüenza. Como resultado, los dos se sienten más aislados.

He aquí otra razón por la que no es fácil ser sensibles a los puntos vulnerables del sexo opuesto. Los investigadores han notado que la socialización de género promueve la humildad en las hembras; no se pueden construir alianzas si se pretende ser mejor que los aliados potenciales. Esto hace que las mujeres sean menos pacientes con los comportamientos masculinos para evitar la vergüenza que aparentan ser comportamientos *de orgullo*. "Simplemente pídele el préstamo a tu hermano", le dice Marlene a Mark. "Lo peor que puede decir es no". Ella ve el impulso de él de evitar la vergüenza como algo peor que orgullo masculino. Es *infantil* e *inmaduro*, o peor aún: *No me quieres lo suficiente como para tragarte tu estúpido orgullo*.

Al mismo tiempo que promueve la humildad en las niñas, la socialización alaba el *valor* en los niños. Esto los hace menos pacientes con el miedo femenino, el cual, para ellos, huele a cobardía o falta de disciplina. "Deja de *pensar* tanto y actúa", le ha dicho con frecuencia Mark a su esposa. "Nunca llegarás a ninguna parte si te preocupas por cada detallito que pueda salir mal".

Las mujeres construyen alianzas con otras mujeres haciendo lo que aprendieron en la infancia temprana: exponer los puntos vulnerables. Marlene no tiene que decirles a sus amigas que se siente triste, infeliz, sola o aislada. Ellas lo deducen de su lenguaje corporal o su tono de voz, del mismo modo que ella puede decir si les pasa algo a ellas. Tan pronto como una mujer siente que su amiga tiene necesidades sentimentales, se interesa más e invierte más en ella. Pero, ¿qué cree usted que pasa cuando Marlene le dice a Mark que se siente mal? (Ella tiene que *decirle* a él; esta vez, la defensa de él contra los sentimientos de inadecuación y fracaso lo han cegado ante el mundo emocional de ella.) Usted adivinó: una vez que ella lo obliga a enfrentar su punto vulnerable, él se siente inadecuado como protector. Reaccionará con un típico comportamiento para evitar la vergüenza: impaciencia, distracción, defensa, resentimiento, furia, crítica o "consejo" que suena más a instrucciones.

Después de un tiempo, una mujer dejará de exponer sus puntos vulnerables al hombre de su vida y lo hará con sus amigas, permitiendo que el vacío emocional en su relación se llene de resentimiento. Marlene no lo sabe, pero ya tiene un pie afuera. El catalizador de la ruptura será uno de los siguientes. Marlene se enferma o se deprime o pierde a un ser querido. Como se siente inadecuado para ayudarla, Mark se retrae emocionalmente otra vez, dejándola a ella sola para enfrentar esta experiencia horrible y traumática. Cuando ella se recupera, no ve la necesidad de una alianza tan poco fiable y lo deja, pensando que se han alejado. El otro escenario de ruptura es que uno de los dos, o los dos, comienzan un romance extramatrimonial, Marlene para aliviar su sentimiento de aislamiento y Mark para probar que no es inadecuado. **Afortunadamente, una ruptura puede evitarse fácilmente poniendo atención a los puntos vulnerables del otro.**

Lo bueno, lo malo, y lo feo de evitar el miedo y la vergüenza

El miedo y la vergüenza no son cosas malas. Por ejemplo, el miedo nos mantiene seguros al pasar la calle porque prestamos atención. También nos congrega en unidades sociales, naciones, comunidades, familias y amigos, todos los cuales bajan la ansiedad y nos protegen de perjuicios y de aislamiento. La vergüenza nos hace éticos, humanos y leales a nuestros valores más profundos. Una persona sin vergüenza es tanto peligrosa, como odiosa.

Aristóteles decía que la única virtud es la moderación, y tenía toda la razón en lo que atañe al miedo y la vergüenza. Moderar nuestros puntos vulnerables es una cosa buena. Es más probable que nos divirtamos en la fiesta si no pensamos en la posibilidad de un terremoto que destruya el edificio o sospechamos que una ex-amante haya regado la voz sobre nuestra eyaculación prematura. Un temor moderado a la privación nos puede ayudar a gozar al hacer compras, y un temor moderado a la vergüenza nos hace estudiar para un examen. Pero un exceso de miedo puede hacernos tratar de evitar la privación al comprar demasiado, comer demasiado, ahorrar demasiado, robar en las tiendas o en otras partes. Demasiado miedo al aislamiento nos hará colgarnos de los otros, ser demasiado complacientes, sacrificarnos demasiado, tolerar el mal comportamiento o el abuso y perder el sentido de lo que somos como individuos. Tratar de calmar el miedo al perjuicio en exceso puede inhibir el crecimiento, la creatividad, la ambición y la fijación de metas y nos hace demasiado conservadores, demasiado tímidos y demasiado nerviosos.

Probablemente usted conoce gente que exige cosas como joyas, ropas caras o vacaciones exóticas para compensar el retraimiento o la distracción de su pareja. Hemos tenido muchas pacientes que dicen cosas como: "Bueno, por lo menos, obtendré una joya bonita". No las juzgue muy duro por su materialismo. Solamente están tratando de aplacar su miedo al aislamiento (si él gasta mucho es porque está comprometido conmigo) y la privación (si tengo más, no me sentiré privada). No funciona, claro está. A un nivel emocional más profundo, parece que la única protección real contra el perjuicio y el aislamiento es la conexión íntima.

Usted se sorprenderá al saber que muchas mujeres conservan las relaciones abusivas por evitar el miedo. Se podría pensar que el instinto de evitar el miedo las alejaría de hombres que las hacen vivir con miedo. Hay dos razones poderosas por las que no es así. Una es que el riesgo de un perjuicio mayor aumenta agudamente cuando una mujer deja a un hombre abusivo. A menudo las amenazan con herirlas o matarlas si se atreven a partir. La otra razón puede sorprender más. La mayoría de los cientos de mujeres maltratadas con las que hemos trabajado han dicho que inicialmente se sintieron atraídas por hombres que se convirtieron en maltratadores porque ellos las hacían sentir seguras. La mayoría de ellas vieron la agresión y el comportamiento ostentador de poder de sus prometidos como una promesa de protección. Una vez que los golpes comienzan y el sentido de realidad de ella se deteriora, ella siente que, tan peligrosa como es la relación, él sí la protege del peligro por fuera de esa relación. El miedo al aislamiento y la privación también entra en juego: hay más posibilidades de que las mujeres se vayan si tienen a alguien con recursos a quien acudir.

Evitar la vergüenza también puede hacer que un hombre conserve una relación con una mujer que lo critica y lo reprende continuamente, que incluso puede agredirlo físicamente. Probablemente usted ha visto relaciones en las que usted se pregunta: "¿Por qué él se la aguanta?" Es muy difícil entender por qué un hombre maravilloso y competente tolera a una mujer que siempre se queja y constantemente lo desprecia. He aquí por qué. El pensamiento del fracaso de la relación y la perspectiva de otro hombre que la haga feliz, cuando él no pudo hacerla feliz, lo paralizan de vergüenza y lo mantienen atrapado en una relación de maltrato.

En el lado más oscuro, tratar excesivamente de evitar la vergüenza nos puede volver agresivos, narcisistas y megalómanos (exageramos nuestra apariencia, talentos, habilidades y dones). También nos puede hacer sentir superiores, despreciativos y con derechos. Puede hacernos retirar, guardar silencio y convertirnos en seres fríos y sin sentimientos. Puede convertir el orgullo en algo más importante que el amor y permitir que la "humillación" justifique acciones como el asesinato, el terrorismo y la guerra.

Afortunadamente, no tenemos que vivir en el lado oscuro del miedo y la vergüenza. De hecho podemos aprender a usarlos para mejorar nuestras relaciones más importantes y, al hacerlo, hacer del mundo un lugar mejor. El punto al que queremos llegar es que la dinámica miedo-vergüenza funciona tan lejos de la consciencia que es casi imposible desarmarla hablando de ella. La conexión que queremos debe ir más allá de las palabras.

Una razón por la que el hablar de la relación no ayuda es que el miedo y la vergüenza evitan que ustedes se oigan, sin importar qué tanta "escucha activa" o "técnica de reflejo" traten de implementar. El prerrequisito para escuchar es sentirse seguro, y uno no puede sentirse seguro cuando la amenaza del miedo o la vergüenza cuelga sobre la cabeza. La amenaza es tan terrible que el sistema límbico, la parte del cerebro a cargo de la seguridad, sobrepasa cualquier forma de pensamiento racional. Casi todo lo que usted oye invoca el miedo o la vergüenza.

Había una famosa caricatura llamada *Far Side* sobre un hombre que hablaba largamente con su perro Ginger. El hombre decía muchas cosas, pero esto era lo que Ginger oía:

"Bla bla Ginger bla bla bla bla bla bla bla bla bla Ginger bla bla bla…"

A menos de que una mujer esté conectada sentimentalmente con su pareja, esto es lo que él va a oír cuando ella le hable: "Bla bla bla, **fracasado**. Bla bla bla, **inadecuado**. Bla bla bla, **no satisfaces mis necesidades**. Bla bla bla, **niño malo**".

A menos de que un hombre esté sentimentalmente conectado con su pareja de una manera que le brinde seguridad, esto es lo que ella va a oír cuando él la critique, sin importar que él tenga razón: "Bla bla bla, **no te amo**. Bla bla bla, **no te respaldaré**. Bla bla bla, **incluso puedo hacerte daño**".

Y cuando él la pase por alto o guarde silencio, ella oye el verdadero sonido del silencio: "_____, **no te amo**. _____, **no te respaldaré**. _____, **Incluso puedo hacerte daño**".

Las buenas noticias están a mayor profundidad

Hay un mensaje muy diferente, que resuena más allá de las palabras, que subyace más profundamente que la dinámica miedo-vergüenza. Aunque son poderosos y persistentes, el miedo y la vergüenza no son las cosas más profundas y más importantes. A una profundidad mucho mayor está la parte amorosa y compasiva que era tan activa cuando usted era un niño y cuando se enamoraron el uno del otro al principio. Todavía está ahí, aunque pueda estar escondida bajo el resentimiento que los hace pelear y del miedo y la vergüenza que causa el resentimiento. A medida que lea el resto de la Parte I, se dará cuenta de que la cálida llama está ahí todavía, esperando calentar su espíritu, lo cual le ayudaremos a hacer en la parte II.

Dos
Por qué peleamos

La reactividad del miedo y la vergüenza

"¡Ella es tan irracional!" Dijo Randy con disgusto después de describir el incidente que causó que Sheila insistiera en que él hiciera esta cita con el terapeuta.

"Temo preguntarle si usted le dice a ella que es irracional", dijo Steven.

"Claro que se lo digo. Ella tiene que saber".

"Entonces probablemente ella dijo que usted era muy insensible".

"Sí", dijo él, como si Steven apoyara su argumento. "Trato de usar la lógica y la razón y ella sólo se vuelve más y más irracional". Estaba listo para seguir, pero Steven sabía que eso sería contraproducente, así que le hizo a Randy la misma pregunta que le ha hecho a cientos de hombres que se han sentado en la misma silla y han expresado lo mismo.

"¿Qué tan *racional* es seguir ensayando una aproximación que no funciona?"

Aparte del hecho de que lo que queremos decir de verdad cuando decimos que alguien es "irracional" es que no estamos de acuerdo con él, hay muchas otras cosas que hacen que algo sea racional aparte de su grado de lógica intelectual. Un computador es lógico, pero ¿cuántas decisiones importantes de su vida querría que tomara el computador? ¿Y le gustaría casarse con un computador, aunque luciera como Brad Pitt o Nicole Kidman?

La mayoría de los "desacuerdos lógicos" tienen que ver con el miedo y la vergüenza

Cuando Randy llamó irracional a Sheila, implicó también que ella usaba sólo la mitad del cerebro; el lado derecho que es más intuitivo y emocional, para ser precisos. Dan ganas de decir que cuando Randy hizo la acusación, él también estaba usando solamente la mitad del cerebro; el lado izquierdo lógico-matemático. Era un caso de una persona que usaba la mitad del cerebro para acusar a otra de usar la mitad del cerebro. Pero la verdad es que ambos estaban usando solamente la parte reactiva del cerebro. Randy no estaba tratando de iluminar los hechos ni de pronunciar elegantes teoremas lógicos ni siquiera estaba tratando de persuadir a Sheila para que aceptara su opinión; estaba tratando de devaluar la de ella. Su determinación de menospreciar la perspectiva de ella dirigía todo el "racionamiento" que hizo que describiera a su esposa como "irracional". La lógica no hace que usted ataque o devalúe (es por eso que Mr. Spock en *Viaje a las estrellas* nunca se enfurecía con aquéllos que no estaban de acuerdo con él). Si Randy hubiera querido realmente discutir los hechos, no hubiera sido necesario devaluar a su esposa. Devaluar a alguien es sólo un intento por subir el ego propio. Más específicamente: **Devaluamos a quienes amamos para así evadir el miedo y la vergüenza.**

He aquí otro ejemplo. Sheila dice: "Hace frío aquí".

Randy replica: "¿Cómo puedes decir eso? Estamos a veinte grados".

Randy cree que está contradiciendo a Sheila cuando en realidad no está hablando de lo que ella quiere decir. Están hablando de dominios diferentes de la experiencia humana. Él está analizando la temperatura de la habitación, mientras que ella reporta su sensación. Lejos de ser un análisis lógico de la relación entre sensación y temperatura, la afirmación de Randy es completamente reactiva; él no estaba escuchando ni pensando, simplemente reaccionó de una manera brusca. Su reacción quería devaluar una opinión que él percibía como amenazadora ("si tiene frío, debe ser culpa mía; no he podido hacerla feliz ni protegerla de la incomodidad"). Y su reacción hace que Sheila reaccione. Ella siente ahora que él no la valora, lo que eleva su ansiedad. Ambos se sienten devaluados por el otro, aunque nadie está tratando de devaluar a nadie. Están tratando de evitar la incomodidad de su miedo y su vergüenza subyacentes. Claro, sus sentimientos de defensa propia son inconscientes. Todo lo que saben es que están furiosos el uno con el otro.

El hecho de que la temperatura de la habitación sea de veinte grados ni apoya ni contradice la sensación de frío de Sheila. Las afirmaciones de los dos brindan diferentes informaciones, con contribuciones únicas a la discusión. Las parejas cometen un terrible error cuando piensan que una clase de respuesta, sea en su mayoría lógica o en su mayoría emocional, es superior a la otra. En realidad, son dimensiones diferentes, cada una importante por derecho propio.

Limítese a los hechos, señora

Randy es como muchos hombres que creen que las mujeres no pueden razonar tan bien como los hombres. No hay evidencia científica de que un sexo razone mejor que el otro. Las mujeres tienen una ventaja muy ligera en la integración lógico-emocional. Esto quiere decir que pueden usar con más eficiencia la información procesada por su cerebro emocional junto con la procesada por su cerebro lógico. Los hombres usan un lado a la vez. Tienden a ser lógicos o emotivos, mientras que las mujeres pueden ser ambas cosas al tiempo.

Las mujeres gozan de esta ventaja mental debido a una combinación de lo innato y lo adquirido. Como hemos visto, muchos estudios muestran que condicionamos a las niñas pequeñas de varias maneras para que estén más conscientes de sus sentimientos y los tengan en cuenta de manera más prominente cuando tomen decisiones. Aplaudimos a Johnny por montar en su bicicleta más rápido que los otros niños porque él está concentrado en ganar. Pero esperamos que Jeannie tenga en cuenta los sentimientos de la niñita que va detrás de ella. También hay evidencia de que las mujeres tienen un cuerpo calloso –la región cerebral que conecta los hemisferios– ligeramente más grande. Aunque no se sabe con certeza, es posible que las células extras en esta área capaciten a las mujeres para incorporar más datos del hemisferio cerebral derecho cuando razonan.

Las mujeres, simplemente, tienen más información emocional a su disposición que los hombres. Esto a veces puede oscurecer el punto en discusión, aunque a menudo introduce una dimensión adicional que puede no cambiar los hechos, pero con frecuencia cambia el significado. Por ejemplo, ganar la carrera tendrá significados diferentes para la niña que piensa en los sentimientos de la niña que quedó atrás que para el niño que no se interesa en los sentimientos de los que perdieron; solamente está contento de no ser uno de ellos.

Las buenas noticias en cuanto a la ligera ventaja masculina de concentrarse en los hechos relativamente libres de sentimientos unida a la ligera ventaja femenina para procesar datos en contextos sentimentales más profundos, es que hacemos un buen equipo. Y podemos permanecer como un buen equipo a lo largo del matrimonio, siempre y cuando no tratemos de cambiar ni controlar al otro, ni rebajemos al otro con acusaciones de muy poco corazón o muy emocionales.

La diferencia real entre los sexos en cuanto al pensamiento, no es que las mujeres son menos racionales y los hombres menos sentimentales. Es que los hombres tratan de pasar por alto algo de la información que aportan los sentimientos, en parte porque hay tanta vergüenza cultural unida a los hombres que expresan sus sentimientos. Desde una edad temprana, ser un "niño grande" quiere decir ser racional y no sentimental. Así, Randy se engaña a sí mismo respecto a la idea de ser lógico cuando rebaja a Sheila. Su rechazo a estar abierto al contenido emocional del intercambio de los dos hace que Sheila se sienta ansiosa respecto a su conexión. De esta manera, las discusiones de la pareja sobre las cuentas y la temperatura de la casa están alimentadas por el miedo de ella a la privación y al aislamiento y por el temor de él a fallar como proveedor, no por una diferencia de razonamiento.

La dinámica miedo-vergüenza que alimenta tantas de nuestras discusiones nos obliga a hacer una distinción artificial entre lógica y sentimiento. El hecho es que los sentimientos son lógicos. Durante milenios fueron los únicos motivadores y reguladores del comportamiento antes de que desarrolláramos una capacidad primitiva de razonamiento intelectual. El neocórtex, la capa del cerebro lógico-racional que parece una corona sobre los sistemas motivadores más viejos y venerables, inicialmente se desarrolló para interpretar, probar y explicar las reacciones emocionales al medio. Incluso en el desarrollo cortical avanzado del cerebro moderno, la secuencia típica todavía es así. Un cambio en el medio dispara una respuesta emocional. El neocórtex valora el cambio y decide si calmar o agrandar la respuesta emocional.

Cambio en el medio → Respuesta emocional → Interpretación cortical y elección de comportamiento

Imagine que ve súbitamente una luz por el rabillo del ojo mientras está conduciendo. Usted se sobresalta, lo cual es un mecanismo biológico que lo prepara para luchar o huir. El neocórtex evalúa la información de acuerdo con dos factores: su capacidad actual de sobrellevar las amenazas y el estímulo del medio, en este caso, la luz. Si es un automóvil que se inclina hacia usted, usted se mueve para alejarse. Si se trata solamente de una luz interior de un campero que pasaba, usted se concentra de nuevo en el camino que tiene adelante. Sin la respuesta emocional que lo prepara para actuar, usted no actuaría con suficiente rapidez para sobrevivir.

Randy y Sheila, como reacción a la vergüenza y la ansiedad de cada uno, trataron de separar el razonamiento del sentimiento como si una dimensión fuera superior a la otra: ella es irracional, él no tiene sentimientos. En realidad, el cerebro humano lidia con el raciocinio y el sentimiento como partes diferentes del mismo proceso. Para funcionar como una persona completa, necesitamos integrar los dos lados del cerebro. La mayoría de nuestras peleas que parecen resaltar una diferencia de pensamiento entre hombres y mujeres no son de ninguna manera sobre las diferencias entre el raciocinio y las emociones: son sobre la reactividad escondida del miedo y la vergüenza.

Por qué somos tan reactivos al miedo y la vergüenza

Esto probablemente le ha pasado varias veces. Llega a casa de buen humor y se encuentra a su pareja de mal humor. Él o ella no ha hecho nada para que usted se dé cuenta: no hay sarcasmo, frialdad, silencio, ni nada por el estilo. Sin embargo, hay algo que no está bien, aunque usted no sabe qué es. Aunque sea sutil, es suficiente para que usted sienta que accionaron un interruptor: de repente su buen humor se esfuma y se pone usted también de mal humor.

Por cada incidente como éste del que usted se da cuenta, hubo cientos de los cuales no tuvo conciencia. Son el resultado de un proceso casi completamente inconsciente que se llama sincronización afectiva. Nuestros cuerpos, no sólo nuestros cerebros, sincronizan automáticamente nuestros sentimientos con los de las personas que amamos. Los recién nacidos, los adultos y los perros lo hacen. Los adolescentes tratan de dejar de hacerlo para preparar su vuelo del nido, y se muestran malhumorados, taciturnos y desagradables, como lo hacen los adultos cuando tratan de cortar ataduras sentimentales.

Para entender el poder de la sincronización afectiva sólo tiene que pensar en la ventaja que significa para la supervivencia. Compartir los sentimientos nos da múltiples ojos, oídos y narices para percibir el peligro y la oportunidad. Cuando un miembro de la tribu (manada, rebaño, grupo) se vuelve agresivo, asustado o interesado, los otros se sincronizan con esa emoción con más o menos la misma motivación de comportamiento.

La sincronización afectiva es la razón por la que la elección de palabras tiene poco que ver con el éxito de su relación, sin importar cuántos "cursos de comunicación" tomen. Los seres humanos se conectaron, cooperaron y se comunicaron por sincronización afectiva muchos miles de años antes de que tuviéramos el lenguaje verbal. Nuestras vocalizaciones de entonces eran las mismas que las de todos los animales sociales, y servían como un sincronizador para que el grupo se uniera a la emoción del momento. Un gruñido o un alarido hace que los miembros del grupo que están distraídos, dormidos o ensimismados, se sincronicen afectivamente. En los humanos, el tono de la voz cumple ahora esa función. Aunque tratamos de engañarnos a nosotros mismos con las palabras, el lenguaje corporal, la expresión facial, el acento, y el tono de la voz son lo que más influye en la sincronización afectiva. Es por eso que no logramos convencer al decir algo cuando nuestros cuerpos dicen otra cosa, como en esta frase, favorita de los hombres: "No pasa nada. Sencillamente no quiero hablar". Señores, puede que alguna mujer tolere esto en vista de la expresión facial tensa y los músculos rígidos, pero sería difícil encontrar una que lo crea de verdad. Incluso un pensamiento negativo se va a dejar ver en la expresión facial y el lenguaje corporal. Es por esto que se siente distinto el estar sentado junto a alguien que esté rabioso o irritable (aunque diga que no pasa nada) versus sentarse junto a alguien que esté bien.

Aunque nos ayudó a sobrevivir a lo largo del tiempo, la sincronización afectiva puede presentar problemas en las relaciones modernas, debido a su sesgo negativo. Dado que las emociones afectivas se enfocan más en las emergencias de la supervivencia, estas obtienen prioridad a la hora de ser procesadas por el sistema nervioso central. Eso estaba muy bien para alejar a los depredadores que merodeaban cerca de la entrada de la cueva, pero no está tan bien diseñado para llegar a casa después de un día en la oficina. Si usted entra a casa de muy buen humor sólo para encontrar a su pareja de muy mal humor, el proceso de sincronización lo "subirá" a él un poco y la "bajará" a usted mucho. No es porque alguno de ustedes quiere que sea así; ambos son víctimas del sesgo negativo inherente a la sincronización afectiva. En las relaciones íntimas incluso un sentimiento negativo inconsciente estimulará una reacción reactiva en la pareja. Por ejemplo, la ansiedad de una mujer estimulará la vergüenza en un hombre y la vergüenza masculina estimulará la ansiedad de una mujer: y el espiral sigue de ahí en adelante. **Es por esto que aun la ansiedad callada de las mujeres estimula la vergüenza en los hombres, y aun la vergüenza callada de los hombres estimula la ansiedad en las mujeres.**

Es crucial entender que el bajonazo de sus sentimientos no se debe a la voluntad malvada de su pareja sino al significado para la supervivencia que tiene la sincronización afectiva. Si no entiende este proceso, uno de ustedes va a pensar que el otro lo "baja" a propósito y comenzará a cerrarse a los sentimientos. El rompimiento de la sincronización afectiva, para evitar el miedo y la vergüenza, lo coloca a usted en el camino hacia el divorcio. Mucho del resentimiento que ocurre en las relaciones no se trata de injusticia material; se trata de la percepción de que su pareja controla, si no manipula, sus emociones; él hace que usted se sienta ansiosa, y ella hace que usted se sienta como un fracasado.

Luchas por el poder

De manera breve, las luchas por el poder ocurren cuando dos personas pelean para protegerse de la vergüenza y el miedo. Tratan de controlar al otro o incluso de forzar al otro para que se rinda. Debido a que los seres humanos odian rendirse, las luchas por el poder siempre traen como resultado el resentimiento y la hostilidad, lo que agrava el miedo y la vergüenza.

He aquí la forma que toma una típica lucha por el poder.

Ella: si haces esto, me sentiré (calmada, amada, agradecida, apoyada). Si no lo haces, me sentiré (ansiosa, triste, sin amor, explotada, traicionada, furiosa, resentida).

Él: pero si hago lo que quieres, me sentiré (inadecuado, triste, sin amor, explotado, traicionado, furioso o resentido).

Ella: si haces lo que yo quiero pero sientes esas cosas, yo todavía me sentiré (ansiosa, sin amor, explotada, traicionada, furiosa o resentida).

Él: no tienes derecho a sentirte así.

Ella: no tienes derecho a decir que no tengo derecho a sentirme así. Si me amaras, lo harías.

Él: si me amaras no me pedirías que lo hiciera.

Queremos poner mucho énfasis en que esta clase de luchas por el poder no se tratan del contenido; sea lo que sea que usted quiere que su pareja haga. Estas luchas se tratan de la poderosa reactividad de la vergüenza y el miedo. Así es como puede imaginarse el problema del ejemplo anterior sin saber qué es lo que ella quiere que él haga. Todo lo que hay que saber es que ella quiere que él le demuestre que la ama, para que ella pueda sentirse conectada y por lo tanto reduzca su temor del aislamiento o la privación. Pero el hecho de ella querer que él demuestre que la quiere, lo hace sentir a él como un fracasado; si fuera un buen esposo, no tendría que probarlo.

Entre más reactivo sea usted al miedo y a la vergüenza, se sentirá más desconectado de su pareja. Desafortunadamente, mucha de la reactividad que usted experimenta está ligada a la historia; no solamente a su historia con su pareja sino a toda su historia. El dolor antiguo puede estimularse fácilmente en las interacciones actuales. Pero las buenas noticias son que una vez que usted entiende la naturaleza de la reactividad y su conexión con el miedo y la vergüenza, usted y su pareja pueden dejar de herirse y empezar a curarse el uno al otro.

Para ayudarle a detectar su fuerza de la reactividad, hemos diseñado las siguientes encuestas. No son un examen, ni una evaluación de ninguna clase; son simplemente un mapa de dónde está usted. Piense en ellas como un punto de partida; lo llevaremos a donde quiere estar en la Parte II. La primera encuesta es para mujeres, la segunda es para hombres.

Índice MAP (miedo, aislamiento y privación)

Encuesta para mujeres

Conteste "Verdadero" o "Falso"

1. He estado separada de alguien a quien amo en algún momento de mi vida. ____
2. He experimentado la muerte de una persona significativa en mi vida. ____
3. He experimentado la muerte de más de una persona importante. ____
4. Más de un padre/abuelo murió antes de que yo tuviera 21 años. ____
5. Tuve un pariente cercano que murió súbitamente. ____
6. Ha habido períodos en mi vida en que me he sentido insegura. ____
7. Crecí con muy poco o ningún contacto con mi madre biológica. ____
8. Crecí con muy poco o ningún contacto con mi padre biológico. ____
9. Mis padres se divorciaron. ____
10. Fui separada de uno o de ambos padres antes de los 18 años. ____
11. He vivido con un padre/madre enfermo física o mentalmente. ____
12. He vivido con alguien que era adicto al alcohol o a las drogas. ____
13. Mientras crecía, a veces me sentía más adulta que mis padres. ____
14. Tuve que responsabilizarme de mí misma a una edad muy temprana. ____
15. Mis padres estaban tan ocupados que era difícil obtener su tiempo o atención. ____

16. He experimentado épocas en que la comida, la ropa, y/o el techo eran escasos. ____
17. Crecí en la pobreza o con seguridad financiera limitada. ____
18. Crecí con el sentimiento que no me daban suficiente atención ni tiempo. ____
19. Más de una vez mientras crecía, no encajaba socialmente. ____
20. He vivido con un perfeccionista. ____
21. Soy una perfeccionista. ____
22. He vivido con una persona preocupada, deprimida o ansiosa. ____
23. He vivido en un ambiente inseguro o con una persona que no es digna de confianza. ____
24. He vivido con una persona muy controladora. ____
25. He vivido con alguien propenso a los estallidos de rabia y/o ira. ____
26. He visto gente que amo amenazada por la rabia o la crítica. ____
27. He vivido con violencia física. ____
28. He visto amenazado a alguien a quien amo. ____
29. He sido traicionado por alguien que amo. ____
30. He experimentado abuso sexual, directa o indirectamente. ____
31. Sentirme por fuera me es familiar. ____
32. Mi vida ha tenido muchos altos y bajos. ____
33. Parece que los otros obtienen más atención que yo. ____
34. Me comparo con los otros. ____
35. Me siento inadecuada. ____
36. Tiendo a cuestionarme mi propia capacidad. ____
37. Critico a los otros. ____
38. Me critico a mí misma. ____
39. Nunca sé cuándo me va a cambiar el genio. ____

40. Me han dicho que soy reactiva (la gente nunca sabe   ——
    cuándo voy a criticar, estar furiosa o ansiosa o
    cuando voy a amenazar con que me voy).

Total de respuestas "Verdadero"   ——

Haga un círculo alrededor de las cinco afirmaciones más significativas de las que contestó "Verdadero". Mida cada una en una escala de 1 a 10 donde 10 representa "muy significativo" en términos de estrés intensidad, trauma y 1 "no es muy significativo" en términos de estrés, intensidad o trauma. Sume estos puntajes para obtener puntaje total. (Ejemplo: si hizo un círculo alrededor del número 27, "He vivido con violencia física" calificaría el trauma de ese evento con una escala de 1 a 10, siendo 10 "muy traumático").

1. ——
2. ——
3. ——
4. ——
5. ——

Total de 1 a 5   ——
Total de respuestas "Verdadero"   ——
Gran total (de un total posible de 90)   ——

Índice VIF (vergüenza, inadecuación, fracaso)

Una encuesta para hombres

Conteste "Verdadero" o "Falso"

1. Crecí con poco o ningún contacto con mi madre   ——
   biológica.
2. Crecí con poco o ningún contacto con mi padre   ——
   biológico.
3. Mis padres se divorciaron.   ——

4. Me sentía responsable por otra persona (emocional o físicamente) cuando era muy niño. ———

5. La persona que me cuidaba mientras crecí era infeliz. ———

6. He visto a alguien a quien amo pasar por un período de tristeza. ———

7. Hubo un tiempo en el que quería proteger a mis seres amados (pero no podía). ———

8. Recuerdo sentirme impotente para resolver los problemas a una edad temprana. ———

9. Sentía que tenía que ser fuerte mientras crecía. ———

10. Fue difícil cumplir las expectativas a medida que fui creciendo. ———

11. Ha habido épocas de mi vida en las que he sentido que tenía que arreglar los errores de otros. ———

12. He vivido con mucha crítica. ———

13. He vivido con una o más personas furiosas. ———

14. Había uno o más miembros de familia con muchas expectativas puestas en mí. ———

15. Había aspectos de mi familia que no quería que los otros supieran. ———

16. He vivido con un perfeccionista. ———

17. Soy un perfeccionista.

18. He pasado por un período de angustia profesional en algún momento. ———

19. He perdido un trabajo importante. ———

20. He tenido un cambio abrupto en un trabajo importante en una ocasión. ———

21. Me han dicho que tengo problemas de actitud en uno o más trabajos. ———

22. He tenido una desilusión significativa en uno o más trabajos. ———

23. Estoy siendo subvalorado en mi trabajo actual. ———

24. Me sentiría mejor si ganara más dinero. ———
25. Hay maneras en las que me gustaría ayudar a la gente, pero el dinero lo impide. ———
26. Quisiera tener más poder e influencia. ———
27. He vivido con violencia en mi vida. ———
28. He vivido con abuso sexual, directo o indirecto. ———
29. Tengo un problema de ira. ———
30. Otra gente piensa que yo tengo un problema de ira. ———
31. Tuve un padre/madre o abuelo/a que era ansioso o depresivo. ———
32. Sé que he herido a algunas de las personas importantes en mi vida. ———
33. He estado en una relación infeliz. ———
34. He vivido con un padre infeliz. ———
35. He vivido con una pareja que tenía problemas que yo no podía resolver. ———
36. Me siento inadecuado en mi(s) relación(es). ———
37. Mi pareja no es feliz conmigo. ———
38. Parece que no hago lo suficiente. ———
39. Soy ansioso/depresivo o me han dicho que soy ansioso/depresivo. ———
40. A veces me siento incapaz de hacer feliz a mi pareja. ———

Total de respuestas "Verdadero" ———

Haga un círculo alrededor de las cinco afirmaciones más significativas de las que contestó "Verdadero". Mida cada una en una escala de 1 a 10 donde 10 representa "muy significativo" en términos de estrés, intensidad, trauma y 1 "no es muy significativo" en términos de estrés, intensidad o trauma. Sume estos puntajes para obtener un puntaje total (ejemplo: si hizo un círculo alrededor del número 29, "Tengo un problema de ira" calificaría el trauma de ese evento con una escala de 1 a 10, siendo 10 "muy traumático").

1. _____
2. _____
3. _____
4. _____
5. _____

Total de 1 a 5 _____

Total de respuestas "Verdadero" _____

Gran total (de un total posible de 90) _____

Entender los resultados de la encuesta

Como se dijo antes, estas encuestas no son instrumentos de valoración. No están diseñadas para colocarle a usted una etiqueta ni para categorizarlo. Son simplemente un medio para ofrecer una visión objetiva de las experiencias que puede influenciar su sensibilidad al miedo y la vergüenza. Mire su puntaje total y colóquelo en uno de los rangos que siguen:

Bajo	0 a 50	_____
Moderado	51 a 75	_____
Alto	76 a 90	_____

    Las niñas nacen con mayor sensibilidad hacia el aislamiento y el miedo; los niños nacen con mayor sensibilidad a la hiperactivación y la vergüenza. Estas diferencias son ligeras cuando los padres se sincronizan con ellas, para que los niños no necesiten desarrollar estrategias elaboradas para sobrellevar sus puntos vulnerables. Sin embargo, si el miedo de una mujer al aislamiento ha sido estimulado una y otra vez por experiencias que incluyen aislamiento, privación o perjuicio, su camino neural hacia el miedo se convierte en una superautopista con todos los caminos llevando a Roma. De igual manera, si la sensibilidad natural de un hombre hacia la vergüenza ha sido estimulada una y otra vez, su camino neural se convierte en una rutina y él desarrolla una reacción inmediata a cualquier asunto relacionado con el fracaso o la inadecuación. Si lo han criticado una y otra vez, él podrá oír críticas incluso en la alabanza más sincera. Una vez que esta rutina se interioriza, atrae todos los pensamientos. Él puede reaccionar defensivamente a una petición o decir que no antes de pensar qué le están proponiendo. Si el miedo natural de una mujer a la privación o aislamiento se ha estimulado repetidamente, ella se volverá ansiosa por cualquier asunto relacionado con inversión de tiempo, atención o contacto. Fácilmente puede verse como irracional o insaciable. Las experiencias repetidas que evocan el miedo y la vergüenza refuerzan el sesgo negativo de la sincronización. Los individuos con un sesgo grande hacia el miedo o la vergüenza tienen una predisposición a la negatividad.

Ya que la objetividad personal es muy difícil, las encuestas como éstas pueden darle información valiosa sobre usted y sobre su pareja. Cuando usted puede verse como otros lo ven (especialmente su pareja), está en la posición más adecuada para mejorar su relación sin hablar del tema.

Antes de seguir, si obtuvo un puntaje alto en su encuesta, he aquí un consejo de Pat:

> Yo crecí en un ambiente inseguro (mi puntaje en el índice de miedo, aislamiento y privación es de 78 sobre 90). No tengo que decir que existen muchas consecuencias para esta experiencia temprana. Por años tuve miedo de mis propios sentimientos, y creía que si me permitía sentir algo de alguna manera, caería en un abismo sin fondo y nunca saldría. No podía ser compasiva con el dolor de otros porque tenía mucho miedo de mi propio dolor. Evité mis sentimientos y culpé a los otros, me mantuve ocupada, los negué, me volví insensible, me confundí, actué impulsivamente, me porté como Pollyana (la niña qe veía todo color de rosa), y me apresuré por la vida, sin disfrutar de muchas cosas. Recuerdo sentir que estaba mirando mi vida a través de una pantalla de cine, pero yo no estaba en la

película. Estaba tan desconectada de mi sentido protector del miedo que dejé entrar a la gente equivocada y mantuve afuera a la gente correcta. Literalmente, corría asustada. Finalmente, mucho más tarde en la vida de lo que hubiera querido, tuve el valor de confiar en unas pocas personas para dejarlas entrar a mi mundo privado. Las dejé apoyarme, las dejé llegar a conocerme, y empecé a disfrutar la vida como lo hago hoy. Así que escribo este mensaje personal para darle valor. Entre en la vida de alguien (sienta sus emociones) y deje que otros entren en su vida. Si vivió a lo largo de su historia, ciertamente puede vivir con cualquier sentimiento que sobrevenga conectado a esa historia. No estoy diciendo que tiene que contar todo, ni hablar de su pasado, sino simplemente confiar en que tiene la fuerza interior para aceptar la compasión cuando le llegue.

Una última nota sobre la respuesta hiperreactiva al miedo y la vergüenza: cada uno de nosotros recibe en el nacimiento una manotada de neuroquímicos para ayudar a regular las emociones. Los niveles óptimos de estos neuroquímicos nos permiten manejar el estrés de la vida normal. Por ejemplo, la serotonina sirve como un sedante natural. Nos calma, aquieta la mente, baja la ansiedad, la irritabilidad, la furia e inhibe la ira. Cuando los niveles de serotonina son normales, es más fácil controlar la reactividad; usted puede tener una mirada positiva y dejar la rabia y los pensamientos negativos. Cuando los niveles de serotonina están bajos, usted está ansioso y más reactivo; su mirada es sombría; se obsesiona con los eventos negativos; está más dispuesto a la rabia y la irritabilidad, y puede caer rápidamente en el miedo y la vergüenza. Las hormonas tienen un efecto similar sobre su humor y la capacidad de manejar sus sentimientos. Sin estrógeno, por ejemplo, una mujer es hipersensible al insulto; llora con mayor frecuencia, le falta la alegría de la vida, y siente una insatisfacción general. Afortunadamente es fácil medir estos niveles. Una visita al médico puede ayudarle a obtener la información que necesita y el tratamiento que más le conviene. Hoy en día hay tantos recursos, que el amor más allá de las palabras es una opción para todos.

¿Cómo quiere reaccionar?

La sincronización es un proceso inconsciente que sucede automáticamente, pero nuestra reacción está bajo nuestro control; todo lo que implica es un esfuerzo consciente. Sin esfuerzo consciente, la sincronización y su sesgo negativo no lo van a hacer feliz, debido en gran parte a la reactividad del miedo y la vergüenza. La sincronización puede incluso volverlo un "reactivohólico", adicto sin remedio al sesgo negativo. Por ejemplo, cuando Randy está enfadado Sheila reacciona tratando de hacerlo hablar. Específicamente, le señala su inmadurez al enfadarse, lo que él oye como otro ejemplo más de cómo él le falla como marido. Randy reacciona a la cantaleta de Sheila con el silencio total. Esta vez Sheila se cansa rápidamente de golpearse la cabeza contra la pared de silencio (lo hizo durante toda la noche en el pasado) y se instalan en una distancia silenciosa que dura por lo menos un par de horas. A la hora de acostarse, Randy está cansado de estar enfadado y trata de hacer una conexión jugando con el perrito que ella ama en frente de ella. Pero Sheila, todavía herida por el silencio, reacciona a esta rama de olivo haciendo pucheros: ella quiere una disculpa, la que en el momento él siente como humillante. Él reacciona a los pucheros con su acusación repetida de que nada la satisface. Ella reacciona diciendo que él es frío e insensible y lo acusa de que lo que él quiere es que tengan relaciones sexuales después de no hablarle en toda la noche. La parte más triste de esta situación es que ninguno de los dos quiere reaccionar de esa manera; los dos quieren sentirse más conectados. Pero la dinámica del miedo y la vergüenza, alimentada por la reactividad, los bloquea cada vez más.

En la parte II, le mostraremos paso a paso cómo reaccionar al miedo y la vergüenza del otro de la manera en que ambos quieren, con compasión y protección. Se sorprenderá de lo fácil que será, con las habilidades correctas, convertir la reactividad del miedo y la vergüenza en una conexión más profunda que va más allá de las palabras.

Tres

El macho silencioso

Lo que piensa y lo que siente

Todos los terapeutas matrimoniales lo han oído miles de veces. La esposa llorosa dice suavemente: "Creo que él ya no me quiere", y el esposo abre la boca con asombro.

"¿Qué quieres decir con que no te quiero? ¡Voy a trabajar todos los días!"

"Eso lo harías de cualquier manera", dice ella con desdén.

Él suspira con frustración como si estuviera a punto de tirar la toalla. Ella tiene razón en eso: él iría al trabajo todos los días si ella lo abandonara. Típicamente, en este punto de la sesión, él se torna silencioso y, si lo dejamos, se enfadaría, dejaría de oír y al poco tiempo la empezaría a culpar a ella. No lo dejamos porque, después de trabajar con miles de hombres a lo largo de muchos años, finalmente entendemos que a ellos les gustaría responder si tan sólo pudieran formular las palabras: "Es verdad, iría al trabajo todos los días si tú me abandonaras, pero no significaría lo mismo".

A los hombres se les dificulta explicar las razones por las que valoran a sus esposas, porque sus esposas son la razón por la que ellos valoran todo lo demás. Las mujeres hacen posible que sus hombres encuentren placer al mirar los deportes, cocinar, arreglar el automóvil y salir con los amigos; además ellas le dan significado al trabajo diario. Podemos decirles con confianza a la mayoría de las mujeres que leen este libro que, sin ustedes, él viviría una vida vacía. Tenga esto muy claro: casi con seguridad, usted le da significado a la vida de él.

El costo del divorcio para los hombres

Los efectos devastadores del divorcio sobre un hombre corroboran el argumento de que su pareja es la que le da sentido a la vida de él. En términos de salud mental y física, tanto como del desempeño en el trabajo y la concentración, el divorcio es más devastador para los hombres que para las mujeres (piense en el bienestar emocional de sus amigos a quienes las esposas han abandonado). Los siguientes son unos pocos ejemplos de los efectos del divorcio sobre la salud, el bienestar, la seguridad, y el desempeño en el trabajo de los hombres:

- Alta tasa de errores
- Incapacidad para resolver problemas
- Enfoque estrecho y rígido (no puede ver otras perspectivas)
- Creatividad disminuida
- Alta distracción
- Altas velocidades al conducir
- Ansiedad, rabia, depresión
- Alcoholismo
- Malos hábitos alimenticios
- Aislamiento
- Ciclo de vida más corto
- Suicidio

No se equivoque, las mujeres también sufren después del divorcio, pero en general los beneficios del matrimonio y el perjuicio psicológico del divorcio apuntan más hacia los hombres. Esto se debe en parte a que las mujeres mantienen y cuidan la estructura de apoyo social de la familia. Ellas recuerdan el cumpleaños de las personas y los aniversarios, a qué parejas les gustan qué tipo de películas, y a quién le toca el turno de ir a cenar dónde. Cuando las mujeres dejan el matrimonio, se llevan con ellas esa red de apoyo, mientras que el hombre abandonado se sorprende de que nadie lo llame (señores, ustedes tienen que llamar si quieren que los llamen). Las mujeres divorciadas raramente enfrentan la misma clase de aislamiento emocional que los hombres divorciados. Ellas desarrollan con menor frecuencia problemas de salud mental o física, alcoholismo y tendencias suicidas, y es sumamente raro que exhiban comportamientos riesgosos como conducir velozmente o jugar con armas. En casi todos los aspectos, el matrimonio es más esencial para los hombres que para las mujeres.

Entonces, ¿por qué él no lo demuestra?

Porque siente vergüenza. Muchos hombres invierten pocos sentimientos positivos en sus relaciones por una sencilla razón: para reducir el dolor del fracaso que parece inevitable. En lo profundo de sus corazones, tantos hombres de los que vemos en terapia esperan que un día sus parejas quejumbrosas se sientan cansadas de las inadecuaciones de ellos y los abandonen. A las mujeres puede parecerles que ellos no se sienten inadecuados acerca de las relaciones porque culpan por todo a sus esposas: "Quieres demasiado" o "No sabes qué es lo que quieres" o "Nada te complace" o "Nadie podría hacerte feliz". Puede que suenen convencidos, pero tales afirmaciones siempre cubren un profundo sentido de inadecuación. Los hombres se sienten impotentes sobre las relaciones. Sean profesores universitarios o conductores de camiones, dentistas o carteros, psicólogos o campesinos, todos están en el mismo barco triste en cuanto a hacer que las relaciones funcionen; y serían los primeros en admitirlo si sus esposas no lo hicieran primero.

La culpa no es del todo de los hombres cuando les cuesta trabajo ejercer habilidades para las relaciones. No es la especialidad del cerebro masculino, pero lo puede hacer, sólo que requiere más esfuerzo.

Por ejemplo, la habilidad de interpretar las emociones y comprender los mensajes no verbales se aloja en el área límbica del cerebro derecho donde es mucho mejor el cerebro femenino. Aun en la edad adulta es más difícil para los hombres interpretar los sentimientos sutiles, y con esto están en desventaja en las relaciones hombre-mujer. Por otra parte, el lóbulo frontal derecho, que contiene mayor agudeza innata mecánica y espacial, es mucho mayor en los hombres y les da una clara ventaja en las tareas mecánicas y técnicas.

Recordamos a una profesora universitaria que se quejaba de que a pesar de que había restringido el acceso de su hijo al televisor y de comprarle únicamente juguetes educativos y neutros en género, él todavía hacía una pistola con su tostada del desayuno. ¿Significan estas diferencias cerebrales que los hombres están destinados a estar más cerca de las máquinas y que las mujeres están destinadas a no tener ni idea de mecánica? ¡Claro que no! Ahora, más que nunca, las mujeres están sobresaliendo en campos que antes eran del dominio masculino, mientras que un número creciente de hombres están entrando en campos que tienen que ver con el cuidado, como la enfermería y el cuidado de la salud. Muchos eligen ser esposos que se quedan en casa (un estudio reciente de las diez mejores presidentes de empresa de la revista *Fortune*, mostró que seis de diez tenían maridos que se quedaban en casa). Más hombres están involucrados con sus hijos, y un número creciente está asumiendo el papel de padre solo.

Los hombres y las mujeres que rompen los estereotipos, sin embargo, tienen que pasar por encima de algunos de sus aprendizajes tempranos. Como todos los mamíferos sociales, los niños humanos aprender por medio de un proceso que se llama modelar. Observan con atención e imitan el comportamiento del padre del mismo sexo (usted habrá notado que no escuchan mucho lo que usted dice: aprenden de verlo a usted). Las niñitas ven a sus madres desplegar toda clase de habilidades de relación con amigos, familia y extraños en el supermercado. Los niños, por otra parte, observan a sus padres, que todavía gastan la mayor parte de su tiempo trabajando afuera o interactuando con objetos inanimados. Pero la brecha en las habilidades de relación comienza aún más temprano con el modelado de los padres y la sociedad. Comienza con el vínculo padre/hijo. Casi siempre es más fácil vincularse con las niñitas que con los niñitos (recuerde la discusión sobre el contacto visual entre niños y niñas). Cuando aún no caminan, los padres sientan a las niñas en su regazo, las miran a los ojos y les hablan de sentimientos placenteros ("Eres tan linda y adorable", "Me haces tan feliz"). Con sus pequeños hijos, los padres tienden a quedarse en el suelo y jugar con automóviles, camiones y figuras de acción. Es interesante que un estudio con monos mostrara que las hembras jóvenes elegían juguetes como muñecas y cochecitos de bebé para jugar, mientras los machos elegían camiones, pelotas y pistolas.

En el preescolar, donde las presiones de la socialización comienzan a aumentar, los niños juegan juegos de acción y juegos más organizados, mientras las niñas practican las habilidades de relación: pretenden que son mamás, esposas y mejores amigas. En el colegio, los hombres hablan con otros hombres sobre hacer cosas, cualquier cosa que excluya a las niñas. Por otra parte, las niñas sólo les hablan a las niñas, casi siempre sobre cómo deben o no relacionarse con otras niñas, adultos, mascotas, plantas, o incluso niños. Cuando llegan a la adolescencia, los niños piensan en las relaciones como algo que no es más complicado que tener relaciones sexuales, mientras las niñas adolescentes hacen fantasías sobre las citas, el compromiso, el matrimonio, la maternidad, la carrera y el sexo.

Todo esto quiere decir, en general, que es más fácil formar una relación cercana con una niña. Ella va detrás de usted, buscando la relación. Usted puede lograr un apego fuerte con un niño y, afortunadamente, la mayoría de los padres lo hacen. Pero requiere más trabajo. Tiene que encontrarlo para lograrlo. Así las niñas, que observan a sus madres, aprenden que tienen que hacer un esfuerzo especial para vincularse con los hombres, mientras que los hombres aprenden que ellos no tienen que hacer nada porque las mujeres harán todo el trabajo que requiere la relación. Por eso no hay que asombrarse de que tantos hombres se sorprendan y se desconcierten cuando sus esposas empiezan a hacerles reclamos emocionales después del matrimonio.

¿Dónde pueden pedir ayuda los hombres sorprendidos y desconcertados?

La mayoría de los libros sobre las relaciones y los programas para enriquecimiento del matrimonio están diseñados para el 90 por ciento de las mujeres que los compran o asisten a ellos. Desde la perspectiva masculina, estos libros y programas parecen implicar que para tener una relación fuerte, el hombre se tiene que relacionar con su mujer de la manera en que las mujeres se relacionan unas con otras. Eso deja al hombre con la decisión, como muchos de nuestros clientes nos lo han dicho, de volverse "como una mujer" o quedar más aislado emocionalmente en el matrimonio. Casi todos eligen lo último, hasta que sus esposas se aburren y amenazan con dejarlos. Tales amenazas, sean implícitas o explícitas, pueden hacerlos tratar de ser más como una mujer por un tiempo, como hizo Mark en reacción a las demandas de Marlene en el capítulo 1, pero estos esfuerzos casi siempre conducen a la desilusión de ambos.

¿Qué quieren los hombres?

Los hombres ven la relación y el matrimonio más como un lugar para relajarse que como una interacción dinámica. Es un lugar seguro para recargar sus baterías antes de que el mundo les dé otro golpe. Idealmente, es un lugar sin desafíos, donde él puede relajarse, desestresarse y ser él mismo sin tener que asumir roles o manejar pretensiones o hacer las cosas que no quiere hacer. Lo que lo hace relajante es la comodidad de tener a su pareja en la habitación o, por lo menos, en la habitación contigua. Para los hombres, una relación es una base segura, siempre y cuando su pareja esté cerca.

Las mujeres también quieren sentirse lo suficientemente seguras como para relajarse en las relaciones, pero para ellas la seguridad viene de la interacción con sus hombres. Quieren sentirse conectadas emocionalmente para poder relajarse. Si no se sienten conectadas, empiezan a sentirse ansiosas y solas. Así que ambos, hombres y mujeres, quieren tener su relación como una base segura, pero la seguridad se siente diferente para cada uno. **Él piensa que le está haciendo bien a la relación porque puede relajarse con ella en la habitación (o la habitación contigua), y ella piensa que él está fallando en la relación porque no está interactuando con ella.** No se preocupe, la Parte II le mostrará cómo reconciliar esas diferencias sin que nadie tenga que cambiar. Sólo queremos dejar en claro que la seguridad que los dos quieren de la relación tiene un significado distinto para cada uno.

Sentimientos masculinos

Aunque los hombres pueden parecer fríos e indiferentes, son mucho más susceptibles a sentirse abrumados por sus sentimientos. La mayor parte de su furia, cierre emocional, y aparentemente frío análisis es una defensa contra la sensación de estar abrumados y fuera de control. Recuerde que un hombre sufre una gran incomodidad física y psicológica cuando experimenta la sacudida de la hiperactivación y siempre se está protegiendo contra ella. Cuando una mujer le pide que "se conecte con sus sentimientos", es como pedirle que se conecte con una herradura caliente. Desde muy niños lo acondicionaron para ocultar sus emociones, no necesariamente para regularlas.

He aquí el punto clave para recordar respecto a los sentimientos masculinos: él tiene que lidiarlos gradualmente, no de manera abrupta. Tiene que estar seguro de que estará bien si se mete al agua. La investigación del psicólogo John Gottman le permite predecir el divorcio con una exactitud de 90 por ciento. Él ha encontrado que lo primero que hacen las mujeres para conducir al divorcio es lo que él llama "un comienzo duro", que es una hiperactivación al principio de una conversación, algo como: "Estoy cansada de repetirte esto", o "¿Por qué nunca me puedes oír?" No tiene que ser fuerte; puede ser muy suave: "Amor, tenemos que hablar". No tiene que ser verbal; puede ser tirar la puerta del automóvil, arrastrar una silla por el piso, o golpear un plato contra la mesa. El hombre se ahoga por lo abrupto de la situación y ella lo ha perdido (si se están preguntando cuál es el hecho principal que lleva al divorcio en el comportamiento masculino, es la indiferencia, la cual es a menudo una reacción a un comienzo duro, o una defensa preventiva. De igual manera, un comienzo duro es a menudo un intento de romper la indiferencia). La sensibilidad masculina hacia todo lo abrupto, como vimos en el capítulo 1, comienza al nacer. Cuando un hombre llega a adulto, sus sentimientos son como un clítoris invisible; no debe ser muy directa con ellos, ni hacerlo apresuradamente.

Hablar de la intimidad, por ejemplo, causa una excitación psicológica mayor en los hombres, con más actividad del sistema nervioso central, mayor flujo de sangre hacia los músculos y mucha más impulsividad que en las mujeres (cuando un hombre siente algo, tiene que hacer algo). Quedarse sentados, mirándose a los ojos y hablar de los sentimientos puede ser reconfortante para las mujeres (si él logra sonar sincero) pero físicamente incómodo para los hombres. Esto da cuenta de los gestos que muchos hombres hacen cuando sus parejas los sientan, los miran a los ojos y hablan de sentimientos (recuerde cómo se movía nerviosamente su hijito cuando usted lo miraba a los ojos, especialmente si usted le estaba diciendo lo que había hecho mal). No es por accidente que las mujeres reportan en las encuestas que tienen las mejores charlas con sus parejas bajo tres condiciones: por teléfono (no lo ven achicándose para reducir su excesiva activación) y mientras caminan o conducen, porque él está haciendo algo y no la está mirando directamente a ella. Además, cuando ella trata de hablar con él sobre asuntos sentimentales, la incapacidad de él de darle lo que quiere con consistencia hace que él se sienta más inadecuado y haya más malas caras, gritería o indiferencia.

Recuerde a Marlene y Mark del capítulo 1. Valientemente, ella trató de diversas maneras de mejorar la relación, pero todo lo que obtuvo fueron unos cambios a corto plazo, mucha resistencia y rechazo directo. No funcionó nada de lo que ella intentó, pero no por falta de esfuerzo ni de deseo sincero de mejorar la relación, y no porque su marido no quisiera sentirse más cercano a ella.

Así es. Mark quería sentirse más cercano a ella tanto como ella quería sentirse más cercana a él, aunque él se resistió, menospreció y saboteó los esfuerzos nobles, aunque mal dirigidos, de ella para lograr la cercanía. Cuando usamos este ejemplo en los talleres, las participantes femeninas condenan rápidamente a Mark (y de paso a sus propias parejas). "Debería estar avergonzado", dicen con pasión. Pero, recuerde, la vergüenza es el problema, no la solución. Él se avergonzaba de sí mismo, y por eso se resistió, menospreció y saboteó los esfuerzos de Marlene.

Marlene cometió dos errores. El primero fue usar una fórmula para cambiar que viene en las revistas femeninas, libros de autoayuda, consejeros y retiros de fin de semana diseñados para atraer mujeres. Su segundo error fue no entender cómo los seres humanos experimentan el cambio emocional y cómo lo mantienen en la rutina del diario vivir.

Marlene buscaba un cambio perdurable que viniera en una gran ola sentimental. Usted habrá notado en su propia experiencia que a los hombres no les gusta entregarse a olas de emoción. Y aunque lo hagan, los efectos no durarán. Los cambios en la relación que ocurran en grandes olas estarán destinados al fracaso cuando las olas se aplaquen. Las cosas como la seducción ardiente, los fines de semana románticos, los retiros matrimoniales cargados emocionalmente y las catárticas sesiones de terapia pueden tener algunos efectos temporales pero no van a ayudar a sostener una conexión cercana con un hombre. El cambio permanente tiene que volverse parte de su rutina diaria. A los hombres les gusta la rutina, porque los ayuda a enfrentar suavemente sus sentimientos. Mujeres, si quieren sentir más amor por parte del hombre de sus vidas, respeten su rutina.

Por qué los hombres necesitan la rutina

La rutina es un área que requiere que las mujeres cierren los ojos para tratar de entender. La mayoría de las mil mujeres encuestadas en la calle no expresaron ninguna nostalgia por que hubiera más rutina en sus relaciones. Pero los hombres sí. A los hombres les gusta la rutina por esta importante razón: reduce el riesgo de la excitación abrupta y la vergüenza que le sigue. La manera en que la rutina reduce la vergüenza es indirecta, debida más a una diferencia neurológica en la manera en que los hombres y las mujeres procesan la información que a las personalidades individuales o a la dinámica de la relación.

La investigación muestra que las mujeres hacen muchas más tareas simultáneamente y lo hacen mejor que los hombres. Hacer tareas simultáneas es la habilidad de hacer algo competentemente mientras se está pensando en hacer otra cosa y, al mismo tiempo, planeando lo que se hará después. En general (aparte de los desórdenes de déficit de atención), las mujeres hacen tareas simultáneas mejor y los hombres se concentran mejor. Una mujer puede levantarse por la mañana, decidir qué quiere de desayuno, alistar a los niños para el colegio y pensar cómo va a aconsejar a su amiga que está en una mala relación, mientras espera escuchar el reloj de la secadora para que la ropa no se arrugue. Un hombre se levanta por la mañana y toma de desayuno lo mismo que todos los días para no tener que gastar energía en pensar qué comer, se sienta y lee el periódico y no interactúa con nadie porque no puede hacer las dos cosas, sale de la casa a la misma hora para no preocuparse por llegar tarde, toma la misma ruta para el trabajo, y así sucesivamente para que pueda usar toda su energía para concentrarse en una cosa a la vez. Cuando usted le pide a un hombre que cuide a los niños, a menudo él pregunta: "¿Qué hago con ellos?" Para sél, cuidar a los niños significa que no puede hacer nada más. Las mujeres, por otra parte, hacen múltiples tareas mientras están cuidando a los niños. Por eso es que los hombres juegan con los niños más que las mujeres: si él los va a cuidar, bien puede hacer *algo* con ellos.

He aquí cómo todo esto se relaciona con la rutina y la reducción de la vergüenza masculina. Cuando las tareas se hacen repetidamente, pueden hacerse en *piloto automático*, sin poner demasiada atención. Por ejemplo, toma un largo tiempo aprender a conducir, pero una vez que usted aprende, lo puede hacer sin siquiera pensar en eso. De hecho, una vez que conducir se vuelve rutinario, se piensa en todo menos en conducir. Entre más cosas haga un hombre por rutina, menos tendrá que concentrarse en las cosas rutinarias que está haciendo, lo cual es una manera adaptativa de usar óptimamente la habilidad que tiene para concentrarse. Cuando un hombre rompe su rutina, pierde concentración, lo que lo hace sentir que no va a lograr hacer las cosas de manera competente. En otras palabras, comienza a sentirse un fracasado y tiene que sufrir la maldición del cortisol que acompaña el fracaso. He aquí un ejemplo.

Maya pierde a menudo las llaves cuando cambia de bolso. Entonces, toma prestadas las llaves a su marido, James, porque están rutinariamente colocadas en una bandeja en la cocina. Esto enfurece a James. Maya piensa: "¿Por qué tanto alboroto? ¿Por qué te enloqueces por las llaves?" Maya no se da cuenta de que cuando James busca sus llaves al momento de salir y no las encuentra, esta molestia abrupta lanza un disparo químico por todo su sistema. Esto quiere decir que tiene que lidiar con la maldición del cortisol y la resaca de la hiperactivación durante las horas siguientes.

Respetar la rutina de un hombre, tanto como su tiempo callado e ininterrumpido en casa, con comprensión y apoyo de su necesidad de tener tiempo para él, es una manera poderosa de mostrarle amor. Es tan poderoso para él como una conversación íntima y profunda para ella. Este punto llegó como un momento de claridad para Jeannine, que no podía entender por qué su marido se enfadaba si ella quería salir de la casa. "¿Qué te importa si salgo?", preguntaba, a veces acusadoramente. "No estabas haciendo nada conmigo". ¿Por qué ella no comprendía que solamente su presencia lo hacía sentir conectado mientras él navegaba a su propio ritmo? La mayoría de las mujeres no entienden este punto crucial: los hombres se sienten más felices y más seguros en casa cuando sus esposas están ahí con ellos. Y la razón por la que esto es así es que sus esposas les dan sentido a las vidas de ellos. La rutina del hombre funciona cuando ella está ahí.

El deseo de los hombres por la estabilidad de la presencia de sus esposas se confunde muchas veces con control, desafortunadamente. En efecto, fácilmente se puede cruzar la línea y volverse un comportamiento controlador, si usted y su pareja no tienen cuidado. Como hemos trabajado con parejas sobre múltiples variaciones de ese problema, ofrecemos el siguiente ejemplo, compuesto de varios casos diferentes.

Ahora que los hijos están en el colegio, María quiere tomar cursos de postgrado para prepararse para una carrera nueva. Ella y Toby habían estado de acuerdo sobre este plan antes de que nacieran los gemelos, y él siempre la había apoyado en los sueños de ella. Pero a medida que se acercaba el día de la matrícula, él comenzó a retraerse y a enfadarse. En su emoción por su nueva vida, María no se dio cuenta al principio. Cuando finalmente se dio cuenta, Toby dijo que no pasaba nada malo, así que ella se olvidó del asunto. Pero justo antes de matricularse, Toby estalló en ira por la cuenta de la electricidad, que estaba un poco más alta que de costumbre. Ella pensó que esta molestia se debía a los gastos adicionales que implicaban sus estudios y le recordó que ya habían ahorrado el dinero para pagar la cuenta, lo que introdujo la vergüenza de proveedor de Toby en la escena. Aunque es muy frecuente que un hombre hable de las cuentas, esto no se trataba del dinero. Toby la acusó inmediatamente de abandonar las responsabilidades del matrimonio y a los niños por tomar clases de noche.

¿Era éste el caso clásico de un hombre que trata de restringir el desarrollo de su mujer, en lo que puede describirse como el poder patriarcal de los hombres para oprimir a las mujeres? Nosotros no lo creíamos así. Creíamos en Toby cuando dijo que estaba orgulloso de María y que quería lo mejor para ella. Pero cuando se acercó el momento del cambio, él sintió que estaba perdiendo algo más importante que su habilidad para controlarla; él sintió que estaba perdiendo la estabilidad que ella le daba cuando estaban juntos en casa. El plan de ella era tomar clases de noche mientras él vigilaba a los niños, lo que quería decir que no estarían juntos durante toda la semana. Le molestaba no tener tiempo para estar con María. Así en este caso, la solución fácil para María era tomar clases durante el día. La universidad donde ella estudiaba, como muchas hoy, se preocupaba por las madres que querían graduarse y ofrecía cuidado de los niños después de la escuela a bajo costo. Así ella estaba en casa la mayoría de las noches, haciendo sus trabajos en una habitación, mientras Toby hacía su rutina con los niños en otra. Esto les permitió estar más conectados, mientras cada uno apoyaba que el otro "hiciera sus cosas".

Este es nuestro consejo para las mujeres: respeten la necesidad masculina de la rutina y entiendan que, cuando ustedes les apoyan la rutina de él, él siente que ustedes lo aman y se siente conectado con ustedes. Por ejemplo, deje las llaves del carro en el sitio donde están siempre o, si usted va de compras, asegúrese de que su marca favorita de café y cereal estén disponibles en casa, cada mañana.

Éste es nuestro consejo para los hombres: incorporen gestos de conexión a su rutina diaria. Por ejemplo, antes de ponerle leche al mismo cereal que come cada mañana, abrácela; antes de dejar la casa para ir al trabajo a la misma hora todos los días, déle un beso de despedida. Dése cuenta de todo lo que ella significa para usted ahora, antes de que ella se vaya.

¿Por qué un hombre se enamora de su esposa cuando ella se va de la casa?

No, no es porque su trasero se vea irresistible entre las maletas, es simplemente que, por regla general, se piensa sobre una base segura cuando se vuelve insegura. Por ejemplo, su casa es una base segura, pero usted no piensa en ella a menos de que haya una amenaza de perderla o necesite arreglos o cuando se aproxima una tormenta. Cuando sencillamente está ahí esperando pacientemente que usted llegue a casa, usted no la tiene en cuenta. Pasa lo mismo con su relación. Cuando todo va bien y se sienten cercanos y conectados, no piensan en el otro cuando están en el trabajo u ocupados con otras cosas. Ah, puede ocurrírseles un pensamiento placentero breve, pero vuelven a concentrarse rápidamente en el trabajo o en lo que estaban haciendo. Pero cuando las cosas no van bien, ¡no pueden dejar de pensar en eso! No sólo usted está pensando en todas las cosas estúpidas que él o ella hizo ayer para hacerle la vida imposible sino que tiene toda una hoja de ofensas de los últimos doce años para pensar en eso durante horas. Esta cualidad obsesiva del resentimiento es la razón por la que trabajamos menos eficientemente, con mayores tasas de error, cuando nuestra relación no es tan fuerte y no estamos conectados con nuestras parejas. También es la razón por la que la investigación muestra que las personas trabajan mejor, con mayor concentración y eficiencia, cuando su relación es más fuerte, pero ¡es tan fácil descuidarla!

A veces parece que nuestras parejas nos causan resentimiento a propósito, sólo para que pensemos más en ellas, pero eso no es verdad. No necesitamos que ellas traten de disminuirnos si somos tan buenos para *pensar en la seguridad sólo en tiempos de inseguridad.* Si culpamos a nuestras parejas por los signos tempranos de inseguridad, sentimos resentimiento y claro que el otro hace lo mismo. Las mujeres dejan de solicitar atención y empiezan a exigirla ("sermonean"), después dejan de exigirla y empiezan a atacar, después dejan de atacar y empiezan a pensar en irse (¡una mujer callada no es buen signo!). Como él falló en reaccionar a sus peticiones cuando la relación era segura, él reacciona ante sus exigencias como si fueran ataques a su base segura y se vuelve indiferente o también lanza ataques.

Cuando los hombres aceptan que su base segura se ha vuelto insegura y que tienen que hacer algo para fortalecerla, a menudo es muy tarde. Hemos visto a cientos de hombres enamorarse de su mujer cuando ella los abandona.

Cuando los hombres dejan primero la relación, casi siempre tienen a otra mujer lista o tienen los ojos puestos en alguna, y por esto la falta terrible de significado y el aislamiento no los afecta: tienen a alguien más para llenar el vacío. Esto pasa muy rara vez con las mujeres. Cuando ya están listas para irse, lo último que quieren durante un tiempo es otro hombre. Cuando los hombres dejan el matrimonio, lo hacen a menudo impulsivamente y terminan arrendando una habitación o quedándose con un amigo. Usualmente piensan que la separación es temporal. "Bueno, si mi vida no funciona, siempre puedo volver a casa". En contraste, una mujer se va después de un proceso de deliberación largo en el cual ella ha sufrido por todo lo que va a perder y todas las cosas que pueden pasar a causa del divorcio. Así que cuando está lista para irse, está resuelta y no es probable que vuelva.

¿Por qué él no lo entiende antes de que sea muy tarde?

Las mujeres preguntan: ¿Por qué él no piensa cómo sería su vida sin mí? Él ha visto lo que les ha pasado a los hombres que conoce cuando su relación termina. ¿Por qué él no piensa cómo será dormir solo, comer solo y estar solo en casa, separado de todo lo que ama? Ella no puede entender por qué él no piensa en eso antes de que sea muy tarde. Ella acaba con la trágica conclusión de que a él no le importa. Lo que es más confuso es que *ella no entiende* que *él no entiende.* Una vez más, la verdadera culpable es la diferencia en cómo lidiamos con el miedo y la vergüenza.

Las mujeres tienden a aplacar la ansiedad pensando en el futuro e imaginando qué harán si pasan cosas malas. No sólo pensarán en los detalles de la vida de divorciada sino que se obsesionan con ellos, y por eso les toma tanto tiempo decidirse a partir. Pero cuando su punto vulnerable principal es la vergüenza, usted trata de evitar pensar en algo que le recuerde un sentimiento de fracaso e inadecuación. No es que los hombres no tengan en cuenta lo que pasará cuando estén divorciados, es que sus defensas no permiten que los sentimientos que invocan el fracaso entren a sus consciencias. **El miedo permite pensamientos en la consciencia, la vergüenza los mantiene fuera.** Lo que a las mujeres les parece un hombre inamovible e indiferente a menudo es un hombre que hace un gran esfuerzo para evitar la desesperanza abrumadora de sentir vergüenza. Nos damos cuenta de que les pedimos a las mujeres que nos crean. Les estamos pidiendo que vean los comportamientos que ustedes consideran de indiferencia, despreocupación o cierre como los de un hombre que las tiene a ustedes como el centro de su universo y no puede imaginar la vida sin ustedes. Los pensamientos de una vida sin ustedes son tan terribles que no soporta pensarlos. Si no soporta pensarlos, mucho menos va a hablar de eso con ustedes. Ésta es la razón principal por la que usted no puede tener charlas con él sobre asuntos emocionales como con sus amigas. He aquí algunas otras.

La brecha del vocabulario emocional: por qué suena falso cuando él lo usa

Tener un vocabulario emocional funcional es más que sólo saber el significado de las palabras. Incluye la habilidad de identificar, describir y expresar sentimientos variados y sutiles e interpretar la expresión emocional de los otros. Las mujeres parecen tener una estructura cerebral que está un poco más ajustada al vocabulario emocional. Tienen más células en las áreas del cerebro que median el lenguaje y que conectan las áreas emocionales con las áreas del lenguaje. Esta ligera diferencia biológica es aparente en el comportamiento verbal de niños a los dieciocho meses*. Los padres, los compañeros, el colegio y la cultura la exageran mucho cuando hablamos de sentimientos y usamos palabras emocionales mucho más con las niñas que con los niños.

Al final del período de fijación del lenguaje –los primeros siete años de vida– la mayoría de las niñas son capaces de usar palabras para forjar conexiones emocionales. Una chica de diecisiete años puede tener un vocabulario emocional más activo que su padre. No tiene nada que ver con inteligencia o madurez. Los hombres saben el significado de las palabras; sencillamente no las usan para hacer conexiones emocionales de la manera en que las mujeres lo hacen. El lenguaje emocional es la lengua nativa de las hembras, y un importante antropólogo ha dicho que hablar es para las mujeres lo que arreglarse es para otros primates.

---

* Es interesante que la ventaja verbal femenina de los dieciocho meses desaparece cuando la madre recibe una inyección de testosterona en el último trimestre del embarazo.

Enseñar a los hombres adultos el vocabulario emocional nunca les dará la fluidez verbal de las mujeres, tal como aprender un nuevo idioma en la edad adulta nunca igualará aprenderlo en la niñez y hablarlo toda la vida. Las palabras emocionales son un segundo idioma para él, y lo hablará con mucho acento. No importa cuánto trate, él no va a sonar tan natural y genuino como sus amigas cuando usan esas palabras**.

Confiar en el intercambio verbal para ganar intimidad con un hombre puede hacer que la conexión parezca menos genuina y satisfactoria.

Las lectoras pensarán probablemente que él no necesita conocer las palabras correctas, siempre y cuando hable desde su corazón. Seguramente cuando un hombre habla desde su corazón, expondrá cualquier punto vulnerable que tenga en la misma forma en que lo hace una mujer y eso los ayudará a los dos a forjar un nivel más profundo de intimidad. Esto suena tan bien en el papel que Steven, que ha tratado a miles de hombres, les decía a sus clientes que hicieran exactamente eso. "Dígale a ella que a veces siente que su trabajo y otras cargas parecen demasiadas y que se siente como un fracasado a veces; déle a ella la oportunidad de apoyarlo". Bueno, pues Steven debía haberlo sabido y darse cuenta de que cuando un hombre expresa su terror al fracaso, su pareja puede reaccionar con su propio punto vulnerable. Finalmente lo entendió cuando oyó como por décima vez la respuesta de un hombre que siguió su consejo: "Le dije cómo me sentía sobre mi trabajo y su primera reacción fue: '¡Oh, no! Vamos a perder la casa'". La mayoría de los hombres se detienen al primer signo de ansiedad en la mujer, pero algunos persisten, sólo para luego oír: "¿Por qué no puedes ser como Joe? Tiene un gran trabajo y no hace preocupar a su mujer". Esta clase de respuesta es una reacción de ansiedad de parte de estas mujeres, no un ataque intencional, pero de todos modos es devastador para un hombre.

** Incluso los hombres que son hábiles para escribir como los poetas y novelistas, no son buenos para aplicar sus habilidades de lenguaje en su matrimonio. Tienden a ser narcisistas en el uso del vocabulario emocional e incapaces de relacionarlo con las personas cercanas a él. En otras palabras, pueden usar el lenguaje para conectarse con ellos mismos y con la gente en abstracto pero no con aquellos que están cerca.

La desconexión entre lo que las mujeres creen que quieren oír de sus parejas y lo que pueden tolerar sin ansiedad creciente no se aplica sólo a los puntos vulnerables de fondo, como veremos en la siguiente sección.

¡Esos sentimientos no!

¿Quiere que su hombre exprese sus sentimientos? ¡Cuidado con lo que desea!

"Sólo quiero saber qué siente" es la petición femenina común al principio de la terapia matrimonial. "¡Está tan cerrado!"

"No siento nada. Sólo estoy cansado", es la respuesta usual.

Como la mayoría de los consejeros, solíamos trabajar mucho, algunas veces durante varias horas solamente con los hombres para "ponerlos en contacto con sus sentimientos". Finalmente teníamos éxito, sólo para encontrar que cuando él era más expresivo sobre sus sentimientos, su pareja estaba aún más insatisfecha. Lo que ella no entendía era que al explorar los sentimientos, estos se vuelven complejos y la complejidad puede fácilmente volverse una exigencia.

"Pensé que sólo estaba cansado", dice el hombre que ahora está en contacto con sus sentimientos, "pero estoy triste, solitario, ambivalente, distante, afligido, descuidado, sobrecargado, poco apreciado, maltratado, se han aprovechado de mí, etcétera. Tengo muchas necesidades que no se satisfacen en esta relación".

Y a esto, claro, su pareja reacciona con exasperación

"Pero usted quería que él expresara sus sentimientos", le decimos nosotros.

"¡Esos sentimientos no!" exclama ella con disgusto. "Quiero oír cuánto me quiere y lo importante que soy para él y lo vacía y triste que sería su vida si mí."

He aquí una pregunta difícil que las mujeres deben hacerse a ellas mismas: ¿realmente quiere saber sobre los sentimientos de él o solamente quiere que él valide los suyos y se acomode a su idea de conexión?

Mientras escribimos esto, Pat recuerda una cliente, Heather, que obtuvo exactamente lo que quería. Esto fue lo que pasó.

"Nunca sé qué le pasa", se quejó Heather. "Nunca me demuestra sus sentimientos. No sé que está pensando. Simplemente no sé cómo puede quererme y ser tan frío y desconsiderado". Jeff estaba sentado en silencio mientras Heather hablaba.

Pat interrumpió a Heather, se volvió hacia Jeff y le preguntó: "¿Cómo puedo ayudarte?".

Jeff respondió: "Quiero que nuestra relación sea como era al principio. El comienzo de nuestra relación fue el tiempo más feliz de mi vida. Era divertido, yo sentía que ella me quería de verdad…" Hizo una pausa y dijo con un ligero sonrojo: "y el sexo era estupendo".

Heather interrumpió: "eras diferente al principio. Me hablabas…"

Pat interrumpió a Heather y preguntó: "¿Echas de menos los buenos tiempos, Jeff?"

"Sí", respondió él con tristeza.

"¿Qué es lo que más echas de menos?", siguió Pat.

"Echo de menos ser amantes. Echo de menos que era fácil…" Entonces hizo una pausa y miró hacia el suelo. "Echo de menos todo lo de esa época". Los ojos de Jeff comenzaron a brillar, aparecieron manchas rojas en sus mejillas y cuello, y la quijada le empezó a temblar. Había tomado un riesgo al expresar sus emociones. Pat se sintió esperanzada, sabiendo que esto era exactamente lo que Heather había pedido, pero cuando volvió a mirarla, esperando que estuviera absorbiendo el momento, ¡Heather estaba leyendo los títulos de los libros en la biblioteca! Se había salido, metafóricamente, había cambiado abruptamente su interés y no había presenciado aquello que había solicitado al principio. ¿Por qué? Porque su noción preconcebida de conexión era femenina; ella quería que él la escuchara y validara los sentimientos de ella y mirara la conexión de la manera en que ella la miraba; como con sus amigas. Jeff hablaba de la forma masculina de conexión, hacer cosas juntos y hacer el amor.

De nuevo recordamos a las mujeres: tengan cuidado con lo que desean, porque si rechazan la conexión cuando él la brinda, harán difícil para él, si no imposible, que les dé lo que ustedes están pidiendo. Es común la petición femenina de que los hombres compartan sus pensamientos y sentimientos. La necesidad que impulsa esta petición es la necesidad de conexión. Las mujeres saben que están conectadas con sus amigas cuando comparten los sentimientos, pero cuando los hombres comparten sus sentimientos, exponen su punto vulnerable. Si usted espera que un hombre sea abierto con sus sentimientos, usted debe cesar cualquier distracción, impaciencia, crítica, y otras formas de golpear su corazón.

¿Quiere que él sea otra amiga o quiere estar más cerca de él?

Normalmente, las mujeres se conectan unas a otras cuando una de ellas expone sus puntos vulnerables. Se comunican, con palabras o con lenguaje corporal, comentan que se sienten ansiosas, preocupadas, molestas, tristes, dejadas de lado, o no ser tenidas en cuenta. La amiga muestra su comprensión mostrando sus propios puntos vulnerables. Pero los hombres, como hemos visto, están condicionados desde la infancia a esconder la vulnerabilidad. Así que cuando una mujer les dice que se siente mal, él se impacienta, o peor todavía, se siente acusado e inadecuado. Eso hace que él no quiera tomarla en cuenta, le diga lo que debe hacer, o simplemente salga de la habitación antes de que él resulte emproblemado. La situación puede empeorar si ella empieza a analizar su reacción. Contrario a las amigas, los hombres odian que los analicen. Y lo que más odian es que los psicoanalicen, así: "te sientes mal por lo que siento porque tu papá nunca hizo feliz a tu mamá". Y si él no está de acuerdo con el análisis de ella, entonces él está en "negación".

¿Lo que él dice en sus conversaciones es muy diferente ahora?

Muchas mujeres están convencidas de que sus maridos hablaban de sus sentimientos todo el tiempo cuando las estaban cortejando y repentinamente desarrollaron un desorden de vocabulario sentimental después de la boda. La investigación muestra que no hay diferencia en la elección de palabras o en la estructura de las frases de los hombres antes y después del matrimonio, hasta que un manto de resentimiento empieza a cubrir el ambiente de la casa, y ambos cónyuges se reducen a la crítica crónica, la defensa, y la indiferencia. Lo que era tan distinto en las conversaciones antes del matrimonio no era el contenido de esas charlas, era el alto nivel de interés mutuo que tenían. Estaban conectados emocionalmente entonces, y ahora no lo están. La falta de conexión es la fuente verdadera del resentimiento en la relación. La desconexión ha sido ocasionada por no entender el miedo y la vergüenza. Eso es muy triste, porque nada cura el miedo y la vergüenza como la conexión.

La conexión reduce el miedo y la vergüenza

Mujeres, el vocabulario de sus hombres no era diferente al principio, cuando se enamoraron, sólo que entonces a él le resultaba más fácil abrirse emocionalmente porque la conexión reducía la vulnerabilidad de él a la vergüenza. Más aún, la actual desconexión ha elevado la ansiedad de los dos, lo que hace que ahora quieran hablar más sobre los sentimientos. Durante el cortejo ustedes no necesitaban demasiada conversación sentimental porque tenían lo que querían. Recuerden, la finalidad de hablar sobre los sentimientos es sentirse conectados. Si están conectados, no es necesario hablar de sentimientos. Sin duda, muchas de las charlas más emocionales han ocurrido después de las relaciones sexuales, cuando él se sentía conectado con usted.

Nos comunicamos bien con nuestras parejas íntimas cuando nos sentimos conectados y lo hacemos mal cuando no nos sentimos así. Cuando de nuevo hay conexión, el deseo de ellas de explorar los sentimientos con sus parejas prácticamente desparecerá. Es una gran combinación: él podrá hablar más, usted querrá hablar menos y se encontrarán en la mitad.

El concepto final es: piense en conexión, no en comunicación. Así usted no lo avergonzará y él no le causará miedo. Tampoco la alejará. En cambio, él se volverá a enamorar de usted mucho antes de que usted salga por la puerta.

El macho silencioso necesita sentirse conectado con su pareja tanto como ella necesita sentirse conectada con él. Pero la expresión de esa necesidad es diferente en cada uno. Él se siente avergonzado de decirle que la sola presencia de ella, incluso en la otra habitación, es un alivio, lo estabiliza y es importante para él. Él se avergüenza de decirle que puede quedar fácilmente abrumado por los propios sentimientos si ella es demasiado directa, demasiado rápido. Además, él casi no tiene las palabras para decirle que ella hace que su mundo, y casi todo en su vida, cobre significado gracias a su presencia. Él necesita entender que ella no está tratando de fastidiarlo, de quejarse, de mostrarle sus "fallas" ni de afectar su privacidad. Por el contrario, ella trata de reconectarse con él porque es importante para ella. Son importantes el uno para el otro, aunque su miedo y su vergüenza los haga perder de vista cuánto.

En los próximos tres capítulos, vamos a contemplar lo que pasa cuando ninguno de los dos se da cuenta del enorme poder que tienen para protegerse de la vulnerabilidad al miedo y la vergüenza.

Cuatro

Lo peor que una mujer puede hacerle a un hombre:

avergonzarlo

En promedio, los hombres tienen más fuerza física que las mujeres. El pulgar masculino, por ejemplo, puede ser treinta veces más fuerte que el de las mujeres (¡mejor para manejar el control remoto!) debido a estas diferencias físicas, la sociedad ha desarrollado normas de urbanidad para acomodar y, algunas veces, explotar la fortaleza masculina. Los hombres llevan a cabo trabajos más peligrosos (por lo tanto, se hieren y se mueren con mayor frecuencia). Se espera que carguen paquetes pesados, que abran las puertas, y que caminen por la acera cerca del borde para interceptar el barro o los vehículos sin dirección. Cuando dos amigos se saludan, a menudo hacen alarde de su destreza física con un golpe en el brazo o una palmada en la espalda. Por otra parte, un hombre oculta su fuerza al saludar a una mujer. A cambio le ofrece un gentil apretón de manos o un abrazo afectuoso.

La fisiología masculina agranda, de manera poderosa, los efectos negativos de un comportamiento rabioso y resentido. Los machos de todas las especies de animales sociales tienen más masa muscular, reflejos más rápidos y voces más graves y resonantes, diseñadas especialmente para rugir. La furiosa voz masculina se hace más profunda, más estruendosa y más amenazante porque está diseñada para apelar al temor del daño físico, así ellos lo quieran o no. Las mujeres furiosas pueden sonar chillonas o desagradables, pero rara vez sus voces provocarán miedo de daño físico en los hombres adultos. Los machos resentidos y de mal humor, de todas las especies de animales sociales, experimentan un flujo sanguíneo considerablemente mayor en todos sus músculos y niveles más altos de actividad en el sistema nervioso central que las hembras enfadadas. Gracias a sus destrezas físicas, los animales sociales machos, incluyendo a los antiguos humanos, desarrollan una estrategia de defensa al formar perímetros alrededor de la etnia o manada amenazada y al inflar sus músculos y rugir para advertir, amenazar, e intimidar a sus potenciales oponentes. Esta estrategia instintiva tiene ventajas obvias para la supervivencia de las mujeres al cuidado de los machos. Tiene desventajas obvias para las mujeres, sin embargo, si el hombre usa su fuerza física en contra de ellas. Por esta razón, durante las tres décadas pasadas, hemos desarrollado leyes y reglas para constreñir la fuerza física masculina con respecto a las mujeres. Todas las personas están de acuerdo con que está mal que los hombres exploten los puntos vulnerables de las mujeres al hacer cualquier cosa que les infunda temor. Pero no hay leyes para constreñir las ventajas femeninas relacionadas con la fortaleza verbal, en especial las que tienen que ver con explotar los puntos vulnerables de los hombres relacionados con la vergüenza.

Las palabras hieren. Las palabras destruyen. Las palabras pueden acabar con una relación.

Cuando Pat hizo la investigación para su libro, *Hot Monogamy*, con Jo Robinson, entrevistó a quince mil parejas respecto a sus relaciones. Mucha información sorpresiva salió del estudio, mostramos tres puntos que son muy relevantes para este libro.

1. La mayoría de las mujeres no entiende cuánto placer causa a los hombres, en especial, no entiende qué tan importante es para el hombre de sus vidas complacerlas. Más aún, un hombre no sólo la quiere satisfacer, vive para hacerlo.
2. Las mujeres, con facilidad, se dan cuenta de lo terroríficos que pueden ser los hombres debido a la amenaza de abuso

físico, pero no ven el poder que ellas tienen para provocar vergüenza.
3. Lo que las mujeres a menudo interpretan como hombres retraídos, desinteresados, la mayoría de las veces son sólo hombres abrumados por la crítica e infelicidad que provienen de sus parejas.

Muchas mujeres no tienen ni idea de lo críticas y humillantes que son con los hombres. Cuando confrontan su comportamiento crítico, la reacción más común es la incredulidad. "Sólo trato de hacer de él una mejor persona", es decir más considerado, atento, responsable, confiable y demás. Al reflexionar sobre este hecho, Pat pensó que sería interesante hacer una lista de 101 formas de avergonzar a un hombre sin querer. A su mente vinieron más de cincuenta maneras en que ella lo ha hecho, sin advertirlo, en sus propias relaciones. Aquí están algunas:

- Excluir al hombre de las decisiones importantes: **"le dije a mi hermana que pasaríamos las vacaciones con ellos este año"**.
- Impedir que tenga la oportunidad de ayudar (hacer más de la cuenta y reaccionar más de la cuenta): **"no te molestes, yo lo hago"**.
- Corregir lo que él dice: **"fue el miércoles pasado, no el martes"**.
- Cuestionar sus juicios: **"¿vas a cocinar esos huevos uno a la vez?"**
- Dar consejos no solicitados: **"si no hubieras hecho esa llamada te sentirías mejor"**.
- Pasar por alto sus consejos: **"estas son cosas de mujeres, tú en realidad no sabes nada al respecto"**.
- Implicar que no es adecuado: **"me hubiera gustado que estuvieras en el taller conmigo (no porque él lo disfrutara sino porque habría podido corregir algunos de sus defectos)"**.
- Hacer demandas irreales del tiempo y energía: **"después de cambiar las llantas y pintar el cobertizo quiero que oigas cómo fue mi día"**.

- Reaccionar más de la cuenta (lo cual es una forma de criticar sus elecciones o su comportamiento): "**no puedo creer que hayas votado por él**".
- Pasar por alto sus necesidades (al enviar el mensaje de que no son importantes): "**no estás tan cansado, la visita te dará energía**".
- Centrarse en lo que no recibe, no en lo que hizo: "**sería mejor si dijeras 'lo siento' para empezar**".
- Evitar los halagos: "**bueno, es tu trabajo cortar el césped**".
- Usar un tono áspero: "**¡estoy tan cansada de esto!**"
- Dar más valor a otras necesidades que no son las suyas. Decirle a un amigo: "**oh, él no está tan cansado y puede ir a recogerte y llevarte de regreso a casa después de la visita**".
- Minar sus deseos. Decirle a un pariente: "**estuve de acuerdo con pasar un Día de Acción de Gracias tranquilo, pero si tú nos invitas él no puede decir que no**".
- Ser condescendiente: "**hiciste muy bien al recoger tu camisa**".
- Insultar: "**eres una persona tan negativa**".
- Subestimar su trabajo: "**¿qué es lo que haces todo el día?**"
- Mostrar poco o ningún interés por sus intereses: "**no me imagino qué es lo que ves en eso**".
- Criticar su familia: "**tu hermana ni siquiera se ofreció a ayudar a limpiar la cocina**".
- No tenerlo en cuenta: **escoger la compañía de amigos en lugar de la de él**.
- Interpretar: "**lo que quisiste decir, en realidad, cuando mencionaste que estabas cansado es que no querías escucharme**".
- Comparar: "**el jardín del vecino se ve tan bien**".
- Desestimar: "**tengo que trabajar**" (implicando que él no).
- Concentrarse en la infelicidad propia: "**no puedo vivir así**".
- Esperar que él me haga feliz: "**si tan solo hiciéramos más cosas juntos…**"
- Hacer declaraciones con "tú": "**¡tú me pones tan brava que no puedo pensar bien!**"
- Globalizar: "**¡los hombres no son capaces de entender!**"

- Generalizar: "¡tú siempre me criticas!"
- Hacer de terapista: "**tratas de reconciliarte con tu padre**".
- Proyectar la infelicidad sobre él: "**me siento mal cuando no hablo, así que no te puedes sentir bien si estás tan callado**".

Otras maneras favoritas de las mujeres para avergonzar son:

- Creer que ellas siempre saben lo que es mejor para la relación.
- Torcer los ojos.
- Lanzar "la mirada".
- Ser sarcástica.
- Ridiculizar.
- Sugerir una "mejor forma".
- Criticar en frente de otras personas.
- Hacer sentir que él no es necesario.

Si usted es mujer, lee esto y piensa: "yo no avergüenzo" puede estar en lo cierto. Pero para estar seguros, revíselo con el hombre de su vida. Es mejor no preguntar en forma directa. Evite decir: "¿Yo critico?" o "¿Te avergüenzo?" Eso es como preguntar: "¿Se ve grande mi trasero con este vestido?" Ningún hombre, en sus cinco sentidos, le dará una respuesta directa. En cambio pregunte: "¿cuáles son algunas de las diferentes formas en que te critico o te avergüenzo?"

Para abrir los ojos, escriba "verdadero" o "falso" al lado de cada una de las siguientes afirmaciones (elija "verdadero" si se aplica a usted por lo menos en una ocasión):

1. Lo excluyo de decisiones importantes. ___
2. No siempre le doy la oportunidad de ayudar. ___
3. Corrijo las cosas que dice. ___
4. Cuestiono sus juicios. ___
5. Le doy consejos no pedidos. ___
6. Le sugiero cómo debe sentirse. ___

7. Paso por alto sus consejos. ———
8. Insinúo que es inadecuado en ciertas áreas. ———
9. Estoy de mal humor con frecuencia. ———
10. Pienso que él debería, por lo menos, igualar mi uso del tiempo y mi energía. ———
11. Cuando él dice que reacciono más de la cuenta pienso que él no entiende nada. ———
12. No tengo en cuenta las necesidades de él porque pienso que no son importantes. ———
13. Me concentro en lo que no tengo en vez de en lo que tengo. ———
14. Evito elogiarlo porque creo que en realidad no se lo merece o porque no quiero que se sienta gran cosa. ———
15. Uso un tono áspero para dirigirme a él. ———
16. Presto más atención a las necesidades de otras personas que a las suyas. ———
17. Mino sus deseos. ———
18. Soy condescendiente con él. ———
19. No respeto su trabajo. ———
20. Muestro poco interés por sus intereses. ———
21. Critico a su familia. ———
22. Interpreto el "significado real" de lo que dice o hace. ———
23. Lo comparo con otros hombres, o peor, con mis amigas. ———
24. No tomo en serio sus puntos de vista. ———
25. Creo que él no puede ver mi infelicidad. ———
26. Creo que fracasa en hacerme sentir feliz. ———
27. Si yo soy infeliz, le digo que el también debe sentirse así. ———
28. Volteo los ojos cuando pienso en algunas cosas que dice o hace. ———
29. Él dice que le lanzo "la mirada". ———

30. Algunas veces soy sarcástica al expresar mi punto de vista o al expresar mi insatisfacción en relación a su comportamiento. _____
31. Uso el ridículo para hacerlo sentir mal. _____
32. Por lo general, tengo una "mejor forma" de hacer las cosas. _____
33. Algunas veces pienso que es un imbécil. _____
34. Tengo que decirle lo que hace mal. _____
35. Le digo que nunca me ayuda lo suficiente. _____
36. Él no puede manejar mis sentimientos. _____
37. Creo que si su infancia o relaciones previas hubieran sido diferentes, no tendríamos estos problemas. _____
38. Creo que entiendo las relaciones mejor que él. _____
39. Creo que hago más de lo que él hace. _____
40. Mis amigos me tratan mejor que él. _____
41. Él me decepciona. _____

Total de respuestas "verdaderas" _____

Ahora pídale a él que haga el mismo ejercicio para ver si él piensa que usted hace todas esas cosas.

Cuando una mujer critica a un hombre, así lo haga en forma deliberada o no, hace imposible que él se sienta conectado con ella. En donde hay un hombre retraído o silencioso, existe, normalmente una mujer crítica.

Esperamos que usted haya entendido la idea de que las mujeres pueden hacer un gran daño a las relaciones sin darse cuenta de ello. El siguiente capítulo destaca cómo los hombres hacen lo mismo. Por favor entienda que el propósito de estos dos capítulos no es repartir la culpa sino señalar que todos somos víctimas de la dinámica miedo-vergüenza cuando se le permite operar en piloto automático. En la medida en que podamos entender y comprender los puntos vulnerables ocultos del miedo y la vergüenza, se determinará el éxito de encontrar el amor más allá de las palabras.

Cinco

Lo peor que un hombre puede hacerle a una mujer:

dejarla sola pero casada

Mientras los archivos públicos muestran que la mayoría de los divorcios son solicitados por las mujeres, estas por lo general dirán que fue él quien abandonó la relación antes que ella. Lo que hace que el matrimonio sea miserable para una mujer es el aislamiento que siente cuando parece ser el esposo quien ha dejado el matrimonio emocionalmente, una defensa en contra de la vergüenza. Una mujer bien lo dijo: "Tengo lo peor de dos mundos. Tengo la soledad de la soltería y las restricciones de estar casada. No puedo salir con nadie, pero tampoco tengo ni el apoyo ni la atención de mi pareja". Las mujeres que dejan el matrimonio denuncian alguna versión de este síndrome de estar solas pero casadas. Aquí encontrará algunos ejemplos de cómo los hombres alejan a las mujeres, la mayor parte del tiempo sin tener la intención de hacerlo.

Sola en casa

A pesar de que durante los últimos diez años los hombres comparten algunas de las tareas domésticas, las mujeres todavía hacen la mayor parte. Aunque la gran mayoría de veces ella tiene un trabajo, tal y como él, es la mujer quien tiene una mayor parte de las responsabilidades domésticas como preparar las comidas, recibir las visitas, mantener los lazos familiares, decorar la casa, hacer las compras, organizar las celebraciones, los cumpleaños y eventos culturales y sociales, y hacer las citas médicas y odontológicas. Y eso es sin añadir niños o mascotas a la lista, los cuales exigen más responsabilidades, y recaen bajo su jurisdicción. Pero no es sólo la cantidad de trabajo lo que deprime a una mujer. Es el sentimiento de que ella es la única encargada de todo lo que debe hacerse. Muchos hombres todavía no entienden cuánto tiempo y esfuerzo toma mantener un hogar para que funcione sin problemas, por ejemplo: poner un nuevo rollo de papel higiénico cuando el que está en el carrete se acaba o colocar la ropa sucia en la canasta en vez de dejarla en la silla o en el piso. Con mucha frecuencia, cuando el hombre lleva a cabo las tareas domésticas es un favor. Cuando una mujer las realiza no se tiene en cuenta.

Algunas veces los hombres no aprecian ni comparten las labores domésticas porque no se dan cuenta de ellas. Pero si se irritan por esto o se sienten con derecho, resentidos o de mal genio, la vergüenza será siempre el núcleo. O bien se sienten culpables porque en sus corazones saben que deberían hacer más, o bien sienten que sus contribuciones son despreciadas. Una vez más, la forma primaria en que los hombres manejan la vergüenza es evadiendo cualquier cosa que la invoque, mientras que la forma primaria de las mujeres para lidiar con el miedo es hablar de ello.

Sola con sus sueños

Cuando dos personas se enamoran, comienzan a soñar con una vida juntos. Algunas veces este sueño es consciente y otras inconsciente.

Cuando Amelia conoció a Marcus, parte del sueño que ella empezó a tejer fue el de tener estabilidad financiera. Crecer en Nuevo México en una familia que, de manera constante, tuvo que luchar para que en casa hubiera lo necesario, marcó en ella una huella duradera. Deseaba construir una seguridad económica con Marcus y estaba más que dispuesta a cumplir con su parte para que esto sucediera. Al casarse, ella eligió una ceremonia sencilla y poco costosa para que pudieran usar el dinero ahorrado en la cuota inicial de una casa. Después de seis años de convivencia frugal tenían el dinero suficiente para comprarle al cuñado su parte del pequeño negocio familiar de lavandería. Amelia y Marcus manejaron el negocio juntos por tres años, pero una vez que ella quedó embarazada se quedó en casa, y como su segundo hijo llegó más pronto de lo planeado, Marcus administró solo el negocio durante cinco años.

Un día Marcus llegó a casa muy disgustado. Había otra demora en la entrega de los químicos que eran vitales para que el negocio familiar funcionara. "Hoy fue la gota que colmó el vaso. Por tercera vez, NuChem no apareció. Llamé a Jim Callahan y le dije que entraría a un negocio de distribución con él, para empezar en dos semanas".

Amelia, años más tarde, diría que cuando Marcus hizo ese pronunciamiento, ella sintió que era el comienzo del fin. "Yo sabía que mi necesidad de seguridad financiera no le importaba. Él arriesgó todo lo que teníamos sin ni siquiera preguntarme".

Marcus pensó que su decisión unilateral sólo tenía que ver con el negocio. En realidad, tuvo el efecto de dejar a Amelia sola con su sueño de seguridad financiera y de exponerla a su miedo a las privaciones y al aislamiento.

Esta historia de la vida real ilustra un hecho importante: los hombres no se dan cuenta de que el miedo de una mujer a la privación y al aislamiento puede dispararse al dejarla fuera de cualquiera de los aspectos importantes de la vida. Aquí hay algunos ejemplos reales de sueños ignorados que alejan a las mujeres de los hombres de sus vidas. Él la dejó:

- ♥ Sola con el sueño de tener una casa.
- ♥ Sola con el sueño de tener un marido fiel.
- ♥ Sola con el sueño de tener una gran y amorosa familia.
- ♥ Sola con el sueño de ser una pareja activa.

- Sola con el sueño de ser vista como una igual.
- Sola con el sueño de tener un lugar en su vida en donde su madre no interfiriera.
- Sola con el sueño de un hogar sin arranques de rabia.
- Sola con el sueño de tener un compañero romántico.
- Sola con el sueño de ser respetada en su trabajo.

Tal y como Marcus dejó a Amelia fuera de su decisión de trabajo, los hombres que hacen cualquiera de las cosas antes mencionadas abandonan a sus esposas en aras de manejar su propio temor de fracasar como proveedores, protectores, amantes o padres. Un hombre debe valorar los anhelos del corazón de una mujer, o de lo contrario la dejará sola con sus sueños y se convertirá en el fracasado que teme ser.

Sola, fuera de la vida de él

Los hombres y las mujeres en los Estados Unidos trabajan más horas que en cualquier otra nación industrializada, incluyendo Japón, de donde viene el término *karoshi* que quiere decir "caer muerto por trabajar demasiado". De hecho, los habitantes de este país trabajan más horas que los siervos de las edades oscuras. Y ahora con las telecomunicaciones, la carga laboral no termina al dejar el sitio de trabajo. Las tardes de los fines de semana y las noches que fueron destinadas para la familia y el individuo, cada vez más se consideran un tiempo adecuado para desatrasar el trabajo. Pero claro que con la mayoría de los trabajos, usted nunca puede desatrasarse del todo. Muy pocos días de trabajo finalizan con todas las tareas hechas. Usted tiene que irse y enfrentar la carga al día siguiente. El resultado de días de trabajo interminables es menor y menor tiempo para recuperarse y relajarse, entonces la frase: "Lo di todo en la oficina" adquiere un nuevo significado. No es sólo tiempo lo que usted dona a su sitio laboral, es la abrumadora mayoría de su energía vital.

Las expectativas laborales sin precedentes afectan tanto a las mujeres como a los hombres; todos están cansados al final de un día laboral. La pregunta es: ¿Cómo elige un hombre recuperarse del estrés del trabajo?, ¿se va directo del trabajo a la hora feliz con sus compañeros de trabajo o amigos?, ¿llega a casa y se retrae en su propio mundo?, ¿usa el silencio, la televisión, el computador o pasatiempos individuales para excluirla a ella?, ¿llega a casa con una actitud que dice: he trabajado todo el día y ahora merezco un descanso y estar solo?, ¿usa el fin de semana para llevar a cabo actividades que no le interesan a ella? Si es así, él la está dejando por fuera de su mundo.

Muchos hombres sienten que tienen una carga extra de trabajo. A pesar del hecho de que sus esposas son las que trabajan más, parece que sus ocupaciones son más pesadas para ellos como hombres. Esto se debe no a un sentido de justicia sino a su temor de fracasar como proveedores. Avergonzados de admitir esto a sus propias esposas, lo cubren exigiendo derechos: "Tengo derecho a descansar en mi casa". Lo anterior mantiene a sus mujeres alejadas de su mundo y hacen peligrar lo más importante en sus vidas: su relación.

Sola en la cama

Muchos hombres no se dan cuenta de cuánta diversión le quitan al sexo. Al comienzo de la relación, a las mujeres les gusta el erotismo y están llenas de energía sexual. ¿Entonces qué pasa? Aquí se describen seis maneras comunes en que las mujeres dicen que los hombres las dejan solas en la cama.

1. Confundir sexo con intimidad. *Mi esposo tiene una sola aproximación al sexo. Él se imagina que me presta atención, se da crédito por ser íntimo, cree que satisface mi necesidad de ser tocada, de ser romántica, de que pase tiempo de calidad conmigo, todo al tener relaciones sexuales. Una vez se acaba, estoy sola.*

2. Todo tiene que ver con él. *El sexo quiere decir una cosa: su orgasmo. Nunca me pregunta si tuve un orgasmo o si quedé satisfecha. Hay tan pocos juegos preliminares que siento que tengo que hacerlo todo sola. Aunque disfruto y quiero tener relaciones sexuales, me he vuelto tan resentida con esta actitud que cada vez es más difícil disfrutar del sexo.*

3. El único momento en el cual muestra interés es durante las relaciones sexuales. *Siempre sé cuando mi esposo quiere tener relaciones sexuales, porque es cuando se muestra afectuoso. Si pasa el brazo sobre mi hombro o me toca, es su forma de decir que es tiempo de tener relaciones sexuales. No tiene idea de lo obvio que es. Siento que sólo se interesa por mí cuando quiere tener relaciones sexuales. De lo contrario está en su propio mundo.*

4. Devalúa las relaciones sexuales al hacerlas ordinarias. *Si el sexo va a ser una experiencia especial para los dos, no lo puedo conciliar con chistes sexuales groseros e insinuaciones eróticas constantes. Para mí, el sexo es un acto sagrado entre un hombre y una mujer; hacer que se vuelva un chiste grosero le quita todo el interés. Y ciertamente, tirarse pedos no es un juego preliminar.*

5. Espera que yo sea igual a él. *Estoy en la incómoda posición de ser la única mujer, entre mis amigas, que desea tener relaciones sexuales más que su marido. Mis amigas se quejan todo el tiempo del apetito sexual insaciable de sus esposos, mientras que yo quedo iniciada y seca. Tenemos una inversión de roles, yo quiero sexo, pero él no. ¿Qué espera él que yo haga con mis necesidades sexuales? De verdad estoy sola en la cama.*

El problema masculino con la sexualidad se debe casi por completo a la hipersensibilidad a la vergüenza. Nuestra cultura otorga a las relaciones sexuales mucha vergüenza, punto. Y esto tiene profundos efectos tanto en hombres como en mujeres. Sin embargo, la falta de intimidad y de compartir emocionalmente al momento de tener relaciones sexuales tiende a ser una cuestión más masculina. A las mujeres les gusta pensar que son deseadas y atractivas sexualmente. A los hombres les gusta pensar que son sementales o artistas sexuales. Por supuesto, a las mujeres les gusta dar placer a los hombres, pero no piensan que son menos si no sale a la perfección. La "feminidad" rara vez está en juego durante los encuentros sexuales, mientras que la "virilidad", en la mente de los hombres por lo menos, con frecuencia se encuentra en riesgo (cualquier mujer que haya leído tan sólo una novela romántica está familiarizada con el término "virilidad palpitante", la cual no se refiere al tamaño del intelecto de él). Todas las formas descritas con anterioridad en las que los hombres dejan solas a las mujeres en la cama son intentos por reducir su temor a ser inadecuados en el plano sexual. Si él pretende que la mujer no tiene necesidades, no tiene que enfrentar el dolor de fracasar ante ella. Hasta que el hombre no cambie su forma de evadir la vergüenza sexual corre el riesgo de dejar a la mujer sola en la cama.

Sola al borde de la depresión de los hombres

La depresión afecta a cerca de cincuenta millones de personas en los Estados Unidos, pero a pesar de su alta incidencia, pocos sujetos tienen una acertada comprensión de este mal tratable. Tampoco hay muchos individuos que entiendan los estragos que una depresión causa en una relación. Los hombres y las mujeres sufren esta dolencia, pero muchas más mujeres buscan ayuda. Esto deja a gran cantidad de mujeres solas al borde de la depresión de los hombres. Una encuesta sobre percepciones públicas de las causas de este mal explica por qué es tan difícil para los hombres pedir apoyo; lo ven como algo de lo cual avergonzarse:

- ♥ El 71 por ciento cree que la depresión se debe a la debilidad emocional.
- ♥ El 63 por ciento cree que la depresión es causada por malos padres.

- El 45 por ciento cree que la depresión es una opción personal.
- El 43 por ciento cree que la depresión es incurable.
- El 35 por ciento cree que la depresión es una consecuencia del pecado.

La verdad sobre la depresión es que tiene muchas causas, las cuales incluyen predisposición genética, estilo de vida, estrés y formas de vida individuales. Por fortuna, es bastante tratable, lo que son buenas noticias dado lo destructiva que puede ser en las relaciones. Cuando una persona en la pareja está deprimida, ¡la tasa de divorcio aumenta hasta nueve veces! Las razones de este hecho asombroso están en los síntomas de la depresión. Imagínese convivir con alguien que:

- Demuestra poco interés por sí mismo y los demás.
- Se retrae.
- Tiene una actitud negativa.
- Culpa a los otros.
- Posterga.
- Reacciona en forma exagerada a asuntos simples.
- Llora con facilidad y con frecuencia.
- Tiene alteraciones impredecibles en el ánimo.
- Carece de interés sexual.
- Tiene todo su interés puesto en el sexo.
- Se pone celoso con facilidad y con frecuencia.
- Tiene un comportamiento pasivo-agresivo.
- Es propenso a la irritabilidad, furia, agresión y cólera.
- Toma riesgos desmedidos.
- Es insensible a los demás.
- Parece no importarle nada.
- Tiene una insatisfacción constante.
- Es infeliz en forma crónica.

Muchas personas, por error, creen que la depresión se deriva de malas relaciones, mientras que es más acertado decir que las malas relaciones son consecuencia de depresiones no tratadas. Una vez más, la depresión es muy tratable, no sólo con medicamentos sino también con dieta, suplementos, hormonas, ejercicio, actividades al aire libre, estrategias temporales saludables y cambios en el estilo de vida. Muchos hombres piensan que buscar ayuda de cualquier tipo es una señal inequívoca de su inadecuación, pero solicitar apoyo debido a problemas mentales en particular, es muy vergonzoso porque su rol es el de ser fuertes tanto física como mentalmente. Esta es la razón por la cual él se pone de mal humor con su esposa incluso por sugerir que tal vez se encuentre deprimido. Lo que él oye es: eres un fracaso. Si ella se atreve a implicar que consulte a alguien para tratar su depresión, él probablemente perciba esto como un ataque y lance su propio contraataque. La investigación muestra con claridad que, a menos que la depresión sea tratada y aliviada, la mujer no sólo se quedará sola al borde de la depresión de él, sino que tarde o temprano se irá.

Sola con sus miedos

Tal vez la forma más estresante de aislamiento para una mujer ocurra cuando la persona a la cual normalmente acudiría para recibir consuelo es la fuente de la amenaza. Los hombres atemorizan a las mujeres con su fuerza bruta y la potencia paralizadora de su ira. La mayoría de los hombres no tienen idea de lo amenazadora y terrorífica que es su furia para las mujeres. Incluso cuando su rabia no esté dirigida en contra de las mujeres, tiene un efecto aterrador. Una voz enfadada puede activar el miedo de ella y descargar cortisol en su sistema. Si él tiene el hábito de reaccionar más de la cuenta y ponerse de mal genio con regularidad, ella vive en un estado constante de alerta y de miedo. Además, no puede sentirse por completo segura y relajada con él, lo que es un prerrequisito del amor, afecto y conexión.

Un hombre nunca puede entender por completo una respuesta femenina al miedo, así como ella nunca podrá comprender por completo la vulnerabilidad de él a la vergüenza. Él debe procurar entablar un diálogo y regular su furia, que en la mayoría de los casos surge de su irracional e inconsciente sentimiento de fracaso. De lo contrario, él la dejará sola con el miedo y a largo plazo destruirá la relación.

Sola al borde de la eficiencia

A pesar de que es cierto que, en promedio, los hombres hacen más dinero que las mujeres, un tercio de los hogares en Estados Unidos cuentan con una mujer que tiene más ingresos que su compañero. Esto puede ser un motivo de vergüenza para el hombre, no porque su compañera quiera avergonzarlo o criticar su habilidad como proveedor sino porque la imagen que él tiene en la cabeza, y en las cabezas de sus pares, es la del viejo y tradicional modelo que dice que el hombre es el principal sustento de la familia y debe generar más ingresos. Esto los pone a ambos en la cuerda floja: entre más brille ella, peor se siente él. El resentimiento, causado no por el éxito de su esposa sino por su propia vergüenza, los llevará a una irrevocable separación.

Sola, punto

Cuando existe cualquiera de estos vacíos en la vida de una mujer, dejan un hueco en su corazón, un espacio que espera ser llenado por alguien o algo que mitigue el dolor del aislamiento. Algunas veces el agujero puede ser cubierto con amigas, hijos, trabajo o pasatiempos, pero los sustitutos no serán suficientes por mucho tiempo. Por supuesto, todo esto incrementa el sentido de fracaso de él. Las buenas noticias son que el hombre puede cambiar lo anterior de formas simples que no incluyen "hablar de la relación". Aquí se presentan unos pocos ejemplos:

Sola en casa

- Reconocer que es su responsabilidad, tanto como la de ella, mantener la vida familiar funcionando de manera satisfactoria.
- Apreciar todo lo que ella hace por el hogar y por la familia.
- Hacer su parte de las labores domésticas, administración y preparación de alimentos: haga que esto no sea una división del trabajo sino una actividad que pueden compartir juntos.
- Realizar las tareas que acordó hacer en el momento oportuno.
- Notar lo que hay que hacer y hacerlo sin que le digan, pregunten o recuerden.
- Pagar con gusto para que haya alguien que ayude a limpiar la casa.
- Observar cuando ella hace mejoras al hogar.
- Ordenar el desorden propio y el de los demás.

Sola con sus sueños

- Si usted conoce los sueños de ella, téngalos en cuenta al momento de tomar decisiones.
- Si usted no conoce sus sueños, préstele atención y deje que ella se los diga.
- Entienda que los sueños cambian, es necesario que actualice la información de manera constante.
- Entienda que usted tiene la capacidad de hacerla en extremo feliz.
- Entienda que usted tiene la capacidad de hacerla en extremo infeliz.
- Vuélvase un guardián de sus sueños y conviértalos en una prioridad su cumplimiento.
- Encuentre placer en respetar y cumplir sus sueños.

Sola fuera del mundo de él

- Sugiera y planeé actividades que la incluyan.
- Asegúrese de que cada semana tengan actividades que puedan disfrutar juntos.

- Préstele atención cuando estén en público juntos.
- Desarrolle rituales durante el tiempo en casa que la incluyan, por ejemplo, tomar café juntos por las mañanas, cocinar juntos, observar pájaros juntos.
- Incremente su contacto con ella, tóquela con afecto o haga actividades compartidas cuando las horas de trabajo se prolonguen.

Sola en la cama

- Préstele atención cuando las relaciones sexuales no sean la motivación de ella.
- Hágale saber que es bella, atractiva, sexy, sensual, no como un juego preliminar. Si no puede decirle esto con una sonrisa, envíele una nota, un correo electrónico o un mensaje de texto.
- Esté atento a sus necesidades sexuales y dése cuenta si está satisfecha o no.
- Acepte que las necesidades sexuales de ella son diferentes a las suyas.
- Vuélvase experto en excitarla sexualmente.
- Entienda que ella quiere una gran vida sexual.
- Haga lo que tenga que hacer para ser un gran compañero sexual.

Sola en la orilla de la depresión de los hombres

- Entienda que la depresión con frecuencia se presenta como alcoholismo, drogadicción, furia, irritabilidad, ansiedad, pensamientos obsesivos, comportamiento controlador, culpa excesiva, inseguridad, apatía, retraimiento, falta de motivación, dejar las cosas para más tarde, poco deseo sexual, comportamientos compulsivos como reaccionar más de la cuenta, ver o leer pornografía, tener aventuras extramatrimoniales, coquetear, ir de compras, gastar mucho dinero y usar el computador de forma constante. Si usted tiene un padre que tuvo alguno de estos comportamientos existe un 50 por ciento de posibilidades de que se deprima. Si sus dos padres exhiben estas conductas hay un 75 por ciento de posibilidad de que sufra de esta enfermedad.

- Reconozca cualquiera de los síntomas de depresión que pueda tener.
- Utilice los muchos recursos disponibles para contrarrestar la depresión tales como libros, grabaciones, sitios en Internet o apoyo mental profesional y médico. Usted se sorprenderá al saber cuántos hombres sufren como usted. Un buen amigo puede ser un recurso excepcional.
- Entienda que la depresión es muy tratable y que tomar pasos para aliviar sus síntomas mejorará notablemente su relación, ¡sin hablar!

Sola con sus miedos

- No se aproxime a ella con furia. Entre más enfadado esté más aterrador será. La mejor forma de no ser un hombre que infunde miedo a la mujer de su vida es controlar su ira. Contrario a la creencia popular, suprimir su mal genio no lo deprimirá. Los terapeutas solían pensar que la depresión era rabia dirigida hacia adentro, pero ahora sabemos que con mucha frecuencia la rabia es depresión que se exterioriza. Usted puede trasformar su ira. Hágalo. Si no puede hacerlo solo, busque ayuda. Se puede lograr.
- Debe comprender que el resentimiento crónico, las explosiones de ira, las agresiones verbales, el abuso emocional y la violencia física no tienen ningún lugar en las relaciones. El mejor recurso para eliminar conductas destructivas que dejan a las mujeres solas con sus miedos es no ser agresivo.

Sola al borde de la eficiencia

- Un hombre debe ver que su rol como protector y proveedor es más que traer el dinero a casa. Él tiene que proteger y proveer el bienestar emocional de quienes ama. Es importante recordar que entre más eficiente ella se vuelva, más responsabilidad tendrá sobre sus hombros y más necesidad de ser protegida y apoyada. Todos los hombres saben lo que viene con el éxito: muchas expectativas y responsabilidades. Esa carga sólo puede ser aliviada con amor y conexión con la pareja.

Sola, punto

♥ Las mujeres quieren que los hombres estén presentes en sus vidas. No quieren ser apartadas. Desean estar en una relación y experimentar los beneficios que el amor tiene, tal y como los hombres. Eso explica por qué seguir las directrices que se exponen en este libro puede mejorar su relación sin hablar del tema.

Si usted es una mujer y se encuentra ansiosa porque el hombre de su vida lea este capítulo, ¡PARE! Antes de esperar que él cambie, usted tiene que ser un modelo de conducta. Deje que su nuevo y mejorado comportamiento hable por sí mismo de la eficacia de este libro y sólo entonces comparta este capítulo con él. Aunque él nunca lo lea, usted todavía puede mejorar su relación sin hablar de ello.

Si usted es un hombre que lee este capítulo, nuestro objetivo es hacerlo sentir compasivo, ¡no culpable! Muchas de las consecuencias negativas de las conductas descritas en esta sección no son intencionales, pero tienen el efecto de herir a su pareja y apartarlo de la persona más importante de su vida. Le mostraremos cómo revertir estos comportamientos en la Parte II, después de una última advertencia de lo que puede pasarle si no lo hace.

Seis

Cómo el miedo y la vergüenza conducen a la infidelidad, la separación y el divorcio

El reloj despertador de Nicole suena durante siete minutos antes de que le dé una palmada al botón para evitar que timbre y se dé la vuelta con un gruñido. Ella no puede acordarse de la última vez que durmió más de seis horas en una noche. Después de otro timbre finalmente abre un ojo para ver qué hora es. Una ráfaga de adrenalina se descarga en su cuerpo como un choque eléctrico, ¡otra vez durmió más de la cuenta! Aquí viene otro día de estar atrasada.

A pesar de su tardío despertar, logra sofocar el caos de la mañana y hacer que tanto ella como sus tres hijos estén listos para enfrentar el día. Le da un beso a su esposo, Raphael, y toma un panecillo mientras corre hacia la puerta. Ninguno de los dos ha podido compartir más de treinta minutos consecutivos solos en meses, sólo han discutido sobre finanzas, han intercambiado horarios y han decidido quién va a llevar a los niños a sus prácticas deportivas, clases de piano, gimnasia, actividades sociales y eventos del colegio.

En el camino hacia la oficina, Nicole llama a su buzón de voz del trabajo para empezar rápido el día de oficina. Ella solía usar el tiempo de conducir al trabajo para hablar con sus amigas o escuchar sus CD favoritos, pero ahora comienza a trabajar en su camino hacia la oficina. A pesar de tener un horario agitado está contenta de haber tomado la decisión de volver a trabajar. El ingreso extra ayuda a pagar las últimas adquisiciones, nuevos aparatos electrónicos y otras cosas que se deben tener, impuestas por los niños.

Desde el minuto en que entra a la oficina suena el teléfono sin cesar y tiene muchas reuniones. A pesar del frenético ritmo y las demandas que nunca acaban, sus compañeros de trabajo se las ingenian para almorzar en un lugar diferente al laboral. Como es usual, el mediodía es un alivio gracioso del convencional ambiente profesional de la oficina. Hoy, dos de sus compañeros discuten como en un juego sobre cuál de sus esposas tiene los peores hábitos de higiene. Nicole se ríe para sus adentros y cae en cuenta de la cantidad de información privada que conoce sobre sus compañeros de trabajo. El hecho es que ella pasa más tiempo con ellos que con su propio esposo, familia o amigos. No ha visto a su hermano ni a su hermana en dos años. Se perdió el cumpleaños de su mejor amiga debido a las fechas de entrega de su trabajo. Tiene un clóset lleno de proyectos, que están completos en forma parcial, de álbumes de recortes y de pintura al óleo. Atiende servicios religiosos, pero su mente está llena de pensamientos sobre las tareas que dejó sin hacer en casa. Es la personificación del miembro ideal del club de gimnasia: paga la mensualidad, asiste en forma diligente por dos semanas y después no vuelve. Ella y su familia tomaron unas vacaciones el año pasado, pero ella tuvo que usar su tiempo libre para estar al día con las exigencias cotidianas de su vida. Raphael y ella no han tenido relaciones sexuales en semanas, ni siquiera un beso romántico o un abrazo que dure más de dos segundos. Cada vez que ella intenta tomarse el tiempo para tener una conversación real con él, siente que habla con una pared de piedra. No puede recordar cuándo fue la última vez que alguien le prestó atención exclusivamente a ella por más de diez minutos. Su placer diario consiste en darse gusto con una porción de helado mientras ve los programas de *Oprah* y *Trading Spaces**.

¿Le suena familiar? Esperamos que no porque la vida de Nicole representa una carencia de conexión con ella misma y con las

---

* Programas de televisión en Estados Unidos.

personas que ama. Su vida es tan estresante que sus relaciones se han vuelto apenas funcionales. Debido a que este estilo de vida súper agitado se fue instalando en forma gradual, ella no piensa en él como algo fuera de lo normal; su única preocupación es sobrevivir. Si usted vive una vida así, una que sólo funciona cuando todos los semáforos están en verde, la conexión íntima, algo vital para las relaciones, no será difícil sino imposible.

¿Qué se puede decir que ocurrió primero: sus ocupaciones o el retraimiento de su esposo? Por lo general pasan en forma simultánea. Ya que una relación no grita, demanda o manda correos electrónicos, es muy fácil no ponerle atención. Nicole no puede seguir en estado de privación indefinidamente, su alma necesita nutrirse. Sin que ella lo sepa, es una víctima fácil de la primera señal que se le atraviese. En su caso, esta señal tenía un nombre: Donald, el gerente del proyecto asignado a su grupo.

Todo comenzó de forma inocente con conversaciones de rutina en la oficina. Luego trabajaron en un proyecto especial, lo que llevó a almuerzos de trabajo que se extendieron más allá de la fecha de entrega. Pronto, Nicole y Donald almorzaban juntos todos los días en la cafetería de la compañía. Las charlas dieron un giro del trabajo hacia aspectos más personales. A medida que compartían detalles íntimos de sus vidas, su atracción creció. La hora del almuerzo se convirtió en el evento más importante del día para los dos. Con Donald en su vida, Nicole encontró una nueva fuente de energía. Tenía menos sueño, su apariencia estaba mejor y perdió cinco libras en poco menos de un mes. Sus compañeros de trabajo le decían que se veía más contenta y hasta su esposo notó su nuevo sentido de seguridad. Sólo Claire, su colega de oficina, tuvo una posición más precavida.

—¿Qué pasa contigo y Donald?— preguntó en forma abrupta un día.

El rostro de Nicole se sonrojó y se puso a la defensiva. —Nada, ¿qué quieres decir?

—Ustedes siempre están juntos. No se ve bien —respondió Claire seriamente.

Si bien Claire no era su amiga más cercana en el trabajo, Nicole siempre había respetado su sentido de la justicia. —No sé de lo que estás hablando, sólo somos amigos —replicó Nicole.

—Está bien —dijo Claire y abandonó el tema. No le gustaba interferir.

Desde esta ocasión Nicole y Donald comenzaron a almorzar por fuera de la oficina. Hicieron de esto una oportunidad para buscar lugares que no fueran frecuentados por sus compañeros de trabajo, con el argumento de que no querían que los demás se llevaran una impresión equivocada.

Nicole sintió una cercanía que no había experimentado en años. Lo trágico de esta situación es que Nicole había sentido lo mismo por Raphael al comienzo de su matrimonio. Pero ahora estaba ciega por una de las formas más extremas de visión distorsionada: el **capricho**. En este estado alterado de consciencia usted está totalmente concentrado en lo que para usted se siente bien por fuera de la relación, con poca o ninguna consideración por su pareja. De hecho, Nicole comenzó a sentir un fuerte capricho hacia Donald, empezó a encontrar faltas en su esposo debido a la culpa, lo cual apaciguaba su culpa, por el momento. Entre más se decía a sí misma que Raphael no satisfacía sus necesidades, más hallaba justificaciones continuar la relación con Donald. Para el momento en que comenzó a justificarse, Nicole ya estaba muy metida en la relación con Donald. Su situación podía empeorar antes que mejorar. El capricho, como otras conductas obsesivas, casi siempre aumenta. Para mantener el sentimiento de bienestar, es preciso tener más contacto y tomar más riesgos.

No es una sorpresa el hecho de que la relación de Nicole y Donald se volviera una aventura. Las conversaciones de los almuerzos se volvieron más románticas. Luego los almuerzos se extendieron a la tarde, dentro del carro de Nicole en el parqueadero. Finalmente, consumaron su aventura con un viaje de trabajo de una noche. Sus mentiras incrementaron y la calidad del matrimonio de Nicole se fue al diablo.

Cómo el miedo y la vergüenza conducen a la infidelidad, la separación y el divorcio

Pocos pueden negar el efecto destructivo que una aventura tiene en una relación, pero no es tan obvio cuándo una aventura toma este cariz. Shirley P. Glass, en su libro *NOT "Just Friends"* (NO "solamente amigos") lo expone con claridad: la química más la exclusividad es igual a una aventura. Si usted pasa tiempo con alguien que le atrae con el único propósito de conocer a esta persona o porque es divertida, está jugando con fuego. La privacidad induce a conversaciones y a actividades que de otra forma estarían limitadas. Un indicio claro de que usted está comenzando a transitar por este peligroso camino es el deseo de que su esposo(a) no se entere cuánto piensa usted en este fascinante individuo.

El capricho es un estado alterado de la consciencia. Helen Fisher y sus colegas decidieron estudiar la actividad cerebral de las personas encaprichadas*. Aquí está lo que encontraron. Cuando el sujeto está concentrado en el individuo amado, poca o nada de sangre fluye hacia la corteza cerebral, la parte racional y de sentido de la realidad del cerebro. Cuando usted está bajo el hechizo de la química, no puede pensar en forma racional. Esta estimulante vacación de la realidad mundana es una gran parte de lo que llamamos estar encaprichados. ¡Pero es importante darse cuenta de que no está pensando en forma correcta!

La química es, sobre todo, una función del DNA**. Está más relacionada con el metabolismo que con la personalidad o los valores. Aquí está el truco real. El baño químico del que disfruta su cerebro durante la etapa del capricho es un poderoso regulador del miedo y la vergüenza. Bajo circunstancias normales, el miedo de Nicole y la vergüenza de Donald los hubieran inhibido de la atracción que sentían el uno por el otro. Pero una vez permitieron que sus emociones se sincronizaran bajo el manto de la privacidad, el poder inhibitorio

---

* *Why We Love: The Nature and Chemistry of Romantic Love* (Por qué amamos: La naturaleza y la química del amor romántico) de Helen Fisher.
** Para más información sobre la relación entre el DNA y la química del estar encaprichado consulte el libro: *The Truth About Love: The Highs, The Lows, and How You Can Make It Last Forever* (La verdad sobre el amor: Los buenos momentos, los malos momentos y cómo puede hacer que dure para siempre), de Pat Love.

de la vergüenza y el miedo desaparecieron. Esta aguda reducción de la influencia del miedo y la vergüenza se debe a que cuando se presenta el capricho, usted se siente tan confiado y orgulloso al hacer cosas por las cuales, generalmente, sentiría miedo o vergüenza. Una de las razones por las que las aventuras rara vez terminan en relaciones viables cuando destruyen matrimonios es que el alivio químico del miedo y la vergüenza dura poco. (¡El índice de divorcios de parejas que se conforman después de una aventura es del 80 por ciento!) Una vez que el efecto narcótico del capricho se acaba, las mujeres se sienten más inseguras y los hombres más avergonzados que nunca.

Pero al inicio, la dinámica del miedo y la vergüenza es más severa con la persona engañada. La ansiedad de la mujer cuyo marido tiene una conexión emocional con otra persona se eleva hasta el techo, mientras que la humillación de un esposo engañado ha sido culturalmente sancionada en el pasado como una excusa de violencia doméstica y hasta de asesinato. El miedo al aislamiento y la privación también explica por qué una mujer rara vez pide el divorcio cuando su compañero tiene una aventura, mientras que los hombres encuentran el matrimonio intolerable después de que sus mujeres se han apartado.

La química está en todas partes

Si usted conoce a varias personas, con seguridad encontrará a alguien con el cual sentirá química. No importa si tiene un matrimonio feliz y afianzado con cariño, si usted pasa tiempo privado o secreto con alguien por quien se siente atraído, la química subirá hasta sentirse encaprichado. Junto con las inhibiciones naturales de miedo y vergüenza, su forma de tomar decisiones racionales saldrá por la ventana, usted dirá que él es su alma gemela a pesar de no haber tenido ninguna cita real en público ni haber lidiado con una desilusión. Debido a que no puede escaparse de la trampa de la química, es crucial ser honesto consigo mismo sobre su compromiso con su relación y las reglas básicas sobre las cuales hicieron acuerdos, usted y su pareja. Las siguientes preguntas pueden ayudar:

Evaluación de la fuerza del compromiso

Los siguientes puntos representan creencias y prácticas relacionadas con la fortaleza de su compromiso hacia su pareja y su relación. Lea las afirmaciones y conteste "verdadero" o "falso".

1. Me enfoco más en las fallas de mi pareja que en sus fortalezas. ———
2. Tengo hábitos que preocupan mucho a mi pareja (por ejemplo beber, gastar, trabajar demasiado, coquetear, exhibir ira). ———
3. Estoy de mejor ánimo en el trabajo que en la casa. ———
4. Soy una persona con la cual es difícil convivir. ———
5. Prefiero compartir eventos significativos con otra persona y no con mi pareja. ———
6. Antepongo mis necesidades a las de mi pareja. ———
7. Antepongo mis necesidades a las de mi relación. ———
8. No me gustaría que mi pareja se enterara de todas las actividades que hago en el computador. ———
9. Tengo fantasías románticas con una persona que no es mi pareja. ———
10. Me visto para atraer la atención de una persona diferente a mi pareja. ———
11. Hablo en forma negativa de mi pareja con otras personas. ———
12. Prefiero pasar tiempo con mis amigos o colegas que con mi pareja. ———
13. Tengo sentimientos románticos por una persona que no es mi pareja. ———

14. He enviado correos electrónicos que no quiero que   ____
    mi pareja lea.
15. Encuentro más placer en mi trabajo que en mi   ____
    relación.
16. Tengo más de un amigo con el cual soy más cercano   ____
    que con mi pareja.
17. Invierto más energía en mi trabajo que en mi relación.   ____
18. Soy más atento con otras personas que con mi pareja.   ____
19. Existe otra persona, diferente a mi pareja, que me   ____
    alegra el ánimo.
20. Siento que mi pareja y yo nos alejamos.   ____
21. Con frecuencia estoy de mal humor.   ____
22. Encuentro más placer en relaciones por correo   ____
    electrónico que en la que sostengo con mi pareja.
23. Gran parte del tiempo que paso con mi pareja estoy   ____
    estresado o exhausto.
24. Estoy ocupado en tareas múltiples con frecuencia.   ____
25. Es difícil que le ponga atención total a mi pareja.   ____
26. Le doy a mis pasatiempos más importancia que la   ____
    que le doy a mi pareja.
27. Mis actividades favoritas no incluyen a mi pareja.   ____
28. Dejo que sea mi pareja quien se encargue de   ____
    mantener la emoción.
29. Mi vida tiene algunos buenos momentos.   ____
30. Ni los buenos eventos me proporcionan la alegría   ____
    que pienso me deben dar.

Total de respuestas "verdaderas"   ____

El propósito de esta evaluación es brindarle una mirada objetiva al compromiso en su relación, así como a su bienestar. Es importante recordar que su actitud global refleja la fortaleza de su compromiso para tener una relación saludable y feliz. Por lo general, entre más respuestas "verdaderas" obtenga, más débil es su compromiso.

Si usted no hace brillar la luz de su alma sobre su relación de manera consistente, esta puede morir sin hablar de ello.

Otras formas de privación

Al mirar la vida de Nicole, usted se puede dar cuenta de que había dejado su matrimonio mucho antes de conocer a Donald, y todo parece indicar que su esposo Raphael había hecho lo mismo. Aquí hay algunas claves de cómo su relación se quedó sin vida

- **Los niños estaban involucrados en demasiadas actividades.** La investigación muestra que comprometer a los niños en más de dos actividades por semana hace que ellos sientan estrés excesivo y la familia también. Si Nicole y Raphael hubieran disminuido las actividades semanales de los niños habrían pasado más tiempo de calidad juntos.
- **Estaban muy involucrados con sus trabajos.** Nicole empezaba a trabajar antes de llegar a la oficina. La mayoría de labores nunca terminan; usted tiene que parar al final del día y al otro día comenzar en donde lo dejó la jornada anterior. Ella pudo usar el tiempo utilizado en su camino a la oficina para intentar una aproximación amistosa a Raphael, y también almorzar con él, de vez en cuando, en vez de siempre hacerlo con sus colegas de trabajo. También pudo haberlo invitado a almorzar con sus compañeros en alguna ocasión, lo cual es estupendo porque se hubieran convertido en lo que Shirley Glass llama "amigos del matrimonio".
- **Consumo excesivo.** Si los niños dictaminan compras de las últimas modas, nuevas tecnologías y otros 'debemos comprar', esto es otra indicación de un trabajo que nunca acaba y de un círculo de gastos que le quitan energía a una relación.
- **Adictos a la intensidad.** El horario diario de Nicole nos hace preguntar si era adicta a la intensidad. Es fácil para una persona volverse dependiente de vivir en el carril de alta velocidad,

porque en forma temporal alivia el malestar del miedo y la vergüenza. El problema es que ese estrés incrementa el ensimismamiento y la desconexión, sentimientos que aumentan el miedo y la vergüenza.

- **No tener en cuenta a la familia y a los amigos.** Tanto la familia como los amigos tienen una función vital en una relación. Es muy probable que el hermano, hermana y mejor amigo de Nicole estuvieran presentes cuando se casó con Raphael. En este sentido, no sólo conocen la historia de Nicole sino la de su relación. Mientras que los nuevos amigos son estupendos, no hay nada como los viejos amigos y los miembros de la familia para hacernos recordar quiénes somos y en dónde están nuestros compromisos.

- **No hacer actividades enriquecedoras.** Los pasatiempos, actividades culturales y el entretenimiento tienen un objetivo en la vida. Cuando usted no tiene en cuenta estos recursos, dejará un vacío en el cual las actividades que no son importantes pueden convertirse en muy significativas. Cuando se comparten, las ocupaciones enriquecedoras también pueden infundir energía a una relación.

- **Negligencia espiritual.** Está ahí, aunque no está. Es claro por el hecho de que Nicole atiende servicios religiosos que el plano espiritual tenía un lugar importante en su vida en alguna época. Tener valores que nos sostengan nos mantiene conectados con lo que creemos y nos recuerda cuáles son nuestros compromisos. Atender servicios religiosos con su pareja o con su familia es una manera de fortalecer las relaciones.

- **Ausencia de ejercicio físico.** Es imposible sentirse bien cuando se ha descuidado el cuerpo. Nicole y Raphael con facilidad hubieran podido hacer de las actividades físicas una parte de su vida marital y familiar. Otra oportunidad perdida.

- **Ausencia de relaciones sexuales.** Cuando una pareja se abstiene de tener relaciones sexuales deja un hueco enorme en su relación. Si usted no cree eso, ¡revise el capítulo 10!

- **Ausencia de romance.** El idilio es una de las razones primarias por la cual dos personas se juntan. El romance es una prueba tangible de que usted es especial, que es amado, que su pareja se siente atraída por usted. Cuando el romance pierde intensidad, el interés también. Y sólo piense en el significativo mensaje que mandarían a los niños si Nicole y Raphael fueran románticos el uno con el otro.
- **Ausencia de atención exclusiva, falta de atención.** No sólo hubo penuria por falta de atención exclusiva entre Nicole y Raphael, ¡sino que ninguno de los dos la exigió! Su compromiso con la relación requiere que no permita que su pareja no lo tenga en cuenta.
- **Escaparse con helados y televisión.** No hay nada de malo con los helados y la televisión, pero cuando estos son su única fuente de placer se refuerza la distancia y se mantiene alejado el amor.

La vida de Nicole puede sonar o no extrema para usted, pero con su historia queremos hacer énfasis en un punto importante. Cuando usted vive en el carril de alta velocidad, desprovisto de actividades enriquecedoras y tiempo de calidad con las personas que dice amar, se fuerza a usted mismo a ver la vida a través de un monóculo, el cual está muy centrado en usted mismo y es muy destructivo para la relación. El egocentrismo es la antítesis del amor, ya que tan sólo se siente amor cuando se ama. De haber confrontado a Nicole acerca de ser más cariñosa con Raphael, más temprano en la historia, es probable que nos dijera lo ocupada que estaba y el poco tiempo que tenía. Pero la verdad es que tenía tiempo para Donald. Lo opuesto al amor no es el odio, es la indeferencia.

¿Qué tan indiferente es usted con su relación?

Durante toda la Parte I de este libro hemos explicado cómo su relación puede comenzar a fallar sin que ninguno de los dos haya hecho algo mal, si no entienden la medida en que el miedo y la vergüenza los desconectan. Esta desconexión es tan incómoda que con frecuencia lleva a vivir vidas separadas bajo el mismo techo, a la infidelidad, y por último al divorcio. Pero también hay un gran componente de esperanza en el malestar y dolor de la desconexión, lo cual quiere decir que usted todavía quiere estar conectado y que todavía ama a su compañero. Lo que sigue del libro le mostrará cómo profundizar y fortalecer su conexión y hacerla tan poderosa y valiosa como los dos quieren que sea.

Parte dos

Usar el miedo y la vergüenza para crear un amor más allá de las palabras

Siete
Sus valores esenciales

Desde que era un niño, usted ha aprendido muchas maneras de evitar el miedo y la vergüenza. Y aunque muchas de sus estrategias para evitarlos funcionan en casi todas las áreas de su vida, con el tiempo lo van a desconectar de su pareja y lo van a hacer sentir aislado en su relación. El problema es que se han vuelto tan habituales a lo largo de los años que le va a parecer extraño cuando empiece a aprender nuevos patrones de comportamiento. Sólo hay un camino para que el cerebro corrija hábitos viejos y adquiera hábitos nuevos: ¡práctica, práctica, práctica! Las buenas noticias son que la mayor parte del esfuerzo se hará al comienzo. Una vez que se aprende una nueva habilidad, el cerebro comienza a ejercitarla en piloto automático. Le va a tomar mucha práctica alcanzar un amor más allá de las palabras, pero una vez que usted domine las habilidades requeridas, las hará como un reflejo, sin pararse a pensar en ellas.

Una cosa es cierta: no va a aprender nada si se flagela o condena a su pareja cuando alguno de los dos comete un error. Vamos a hacer énfasis en dos cosas en la Parte II de este libro: auto-compasión y compasión para su pareja. La auto-compasión significa entender lo difícil que es cambiar los patrones viejos y cuánto se merece usted cambiarlos para obtener la clase de relación que siempre ha querido. Compasión por su pareja significa entender lo difícil que es para él o ella cambiar patrones y cuánto merece él o ella tener una relación más cercana con usted.

Para ayudarlo a entender lo extraño que puede sentirse el cambio de viejos patrones, ensaye este experimento. Extienda las manos frente a usted y crúcelas, con los dedos cruzados. Mírese las manos y note cuál pulgar está arriba y cuál meñique está abajo. Ahora descruce las manos y crúcelas otra vez con el pulgar opuesto arriba y el meñique opuesto debajo. Probablemente se dio cuenta de que se siente muy extraño. Si cambiar hábitos tan triviales como éste se siente raro, ya puede imaginarse cómo va a sentir el cambio en el modo en que interactúa con su pareja en la rutina diaria. No permita que esa extrañeza inicial lo detenga. Tiene que sentirse raro al comienzo: ¡de eso se trata el cambiar los hábitos! Pero entre más lo haga, más natural se va a sentir.

El mejor sitio para empezar

El mejor sitio para empezar a cambiar viejos patrones y comenzar a darse cuenta del enorme poder que tiene para fortalecer la relación, es escribir la respuesta a la siguiente pregunta.

¿Qué es lo más importante sobre usted como persona?

Hay muchas cosas importantes sobre usted; queremos que escriba la más importante. Usted sería una persona diferente sin esta cualidad. Nota: algunas personas citan cualidades importantes como honestidad o lealtad. Estas son ciertamente importantes pero no las más importantes. Piense cómo le gustaría que sus hijos lo describieran cuando sean adultos. ¿Le gustaría que dijeran lo siguiente? "Siempre supimos que mamá y papá eran honestos; no estamos seguros de que nos quisieran siempre, pero sabemos que eran honestos". ¿O preferiría que dijeran esto? "Mamá y papá eran humanos y cometieron algunos errores, pero siempre supimos que nos amaban".

Ahora escriba las respuestas a las siguientes preguntas:

¿Cuál es la cosa más importante sobre usted como pareja?

¿Cuál es la cosa más importante sobre su vida en general?

En las respuestas a las preguntas anteriores, nunca hemos visto que un hombre escriba que la cosa más importante sobre él es que se cierra emocionalmente, que no le pone atención, o que resiente o desvaloriza a la mujer de su vida. Y ninguna mujer ha escrito que la cosa más importante sobre ella es criticar, fastidiar o avergonzar a su pareja. Ningún hombre ni ninguna mujer han escrito alguna vez que siempre tienen que tener la razón, tener la última palabra o ganar la discusión. La abrumadora mayoría de los hombres y mujeres en relaciones amorosas escriben cosas como las siguientes:

La cosa más importante sobre mí como persona y pareja es mi amor, protección y apoyo a mi familia.

Sin embargo no siempre es directo y quizá no lo fue para usted. Algunas veces tenemos que hacer varias preguntas para llegar a la cosa más importante de una persona. Por ejemplo, muchos hombres dirán que su inteligencia es la cosa más importante.

Entonces, preguntamos: "¿Por qué es importante para usted?"

Generalmente, él dirá: "Por que puedo obtener un mejor trabajo".

"¿Por qué es esto importante para usted?"

"Me vuelve exitoso".

"¿Por qué es esto importante para usted?"

"Por que puedo ser un mejor proveedor para mi familia".

Algunas veces, las mujeres escribirán algo similar a "La certeza de que mi familia me quiere" como la cosa más importante para ellas.

"¿Por qué es esto importante para usted?"

"Porque será más seguro quererlos", dicen por lo general. Casi sin variar se resume en querer a la gente que uno ama.

Aunque hay más variación en las respuestas a la tercera pregunta, sobre la cosa más importante de sus vidas en general, la mayoría de las personas escribe algo como: *hacer que el mundo sea mejor, por lo menos de alguna manera pequeña, para alguien más: la familia, la comunidad, el país, la humanidad, la naturaleza o Dios.*

He aquí el punto crucial respecto de las cosas más importantes sobre usted como persona y como pareja. Cada vez que viola sus principios esenciales (lo que usted ha escrito), incluso si sólo está reaccionando ante su pareja, usted se siente culpable. Por ejemplo, si uno de sus valores esenciales es ser una pareja cariñosa y usted se olvida del aniversario, se sentirá culpable. La culpa es el resultado directo de que sus creencias y acciones no estén alineadas con las del otro. Si usted es mujer, la culpa estimula un miedo más profundo, inconsciente, de aislamiento, privación o perjuicio. "Si yo no soy una pareja cariñosa, él no me querrá y yo me quedaré sola". Si usted es un hombre, la culpa se aprovecha de su más profundo sentido de fracaso como pareja y como protector. Sea usted hombre o mujer, ir en contra de sus principios causa un estado de tensión en el cuerpo y en la psiquis. La única manera de volver a un estado calmado y pacífico es ser leal a uno mismo, lo que significa ser leal a los más profundos valores.

La forma más fácil de ser leal a sus valores esenciales es invocar lo que llamamos las cuatro inspiraciones de los valores esenciales:

Mejorar
Apreciar
Conectar
Proteger

Inspiración significa "respirar hacia adentro". Si usted toma gran cantidad de aire y trata de mejorar, apreciar, conectar o proteger, se encontrará con lo que es más importante para usted. Ya no desea atacar, desvalorizar o defenderse; querrá mejorar, apreciar, conectarse y proteger. Cada inspiración por sí sola lo conectará de nuevo con su pareja; si las hace todas al tiempo se sentirá eufórico. He aquí cómo funcionan:

Sus valores esenciales

Cuando usted se inspira para mejorar, trata de que las cosas sean un poco mejor; un 1 por ciento será suficiente al comienzo. Gracias a la poderosa inspiración humana para mejorar, no necesariamente hay que "arreglar" el problema para sentirse mejor. Solamente hay que hacer que sea un poquito mejor. Si se siente mal y piensa en lo que usted puede hacer para sentirse un poquito mejor (ni siquiera tiene que hacerlo, sólo pensar en ello) comenzará a sentirse mejor. Si está molesto con su pareja y piensa cómo puede sentirse un poquito mejor, tomar una ducha, dar un paseo, oler una flor, llamar a un amigo, ver un partido, cortar algo de leña, leer un libro, comenzará a sentirse mejor. Hacer que las cosas sean un poco mejor libera más recursos mentales en el neocórtex, la parte del cerebro que resuelve problemas. Estos recursos mentales adicionales le permiten que las cosas sean aún mejores, y se liberan más recursos mentales que lo capacitan para mejorar otro poquito, y así sucesivamente. Incluso si la mejoría está sólo en su cabeza, cambiará su comportamiento emocional y hará que las negociaciones con su pareja sean mucho mejores.

Piense en algo por lo que se siente culpable o resentido ahora mismo. Piense en eso en detalle. Ahora piense qué puede hacer para mejorar un poquito ya sea la situación o lo que usted siente al respecto. Por ejemplo, Steven ahora se siente culpable por no devolver la llamada de su querida amiga. Al principio pensó que estaba resentido porque ella le dejó un mensaje cuando sabía que él tenía que trabajar en el libro esta mañana. Pero realmente sentía culpa por violar su valor esencial de preocuparse por lo que ella siente. Él mejoró lo que sentía respecto a la situación prometiéndose a sí mismo que llamaría a la primera oportunidad y pediría disculpas por no haber llamado antes.

Apreciar significa valorar a su pareja. El aprecio, a su vez, lo vuelve a usted más alerta y más vivo; usted aumenta el valor de su propia vida cuando aprecia a su pareja de cualquier modo. Cuando su pareja siente aprecio por parte de usted, no tiene que preocuparse por hacerle cumplidos o alabarla. Y si usted siente aprecio por parte de su pareja, no se siente tan mal si ella no le hace cumplidos. De hecho, los cumplidos suenan vacíos si no transmiten, en algún sentido, que su vida es mejor a causa de la persona que usted aprecia.

Piense en algo por lo que se siente culpable (o resentido) ahora mismo, y piense en algo que usted pueda apreciar de la persona que estimula la culpa. En el ejemplo de Steven, él apreciaba que su amiga probablemente estuviera preocupada por lo que él estaba trabajando bajo el estrés de un plazo. Lo que empezó como resentimiento por su "desconsideración e invasión de su tiempo para escribir", se convirtió en aprecio por su consideración. Y aunque no fuera el caso esta vez, él aprecia que ella por lo general es muy considerada.

Conectarse significa preocuparse genuinamente por el estado emocional de su pareja. La conexión íntima es un sentimiento de que su mundo emocional es una parte importante del de su pareja. Conectarse requiere por lo menos una comprensión intuitiva de la vergüenza de él y del miedo de ella, junto con el conocimiento de que su bienestar emocional está atado: si él se siente bien, usted se siente bien; si ella se siente mal, usted también.

Piense en algo por lo que se siente culpable (o resentido) ahora mismo, y piense cómo puede conectarse con la persona que estimula la culpa. En el ejemplo de Steven, él se tomó un segundo mientras escribía para pensar cómo iba a gozar de la conversación con su amiga cuando pudiera llamarla. Ni que decir que su conversación será mucho más placentera con esa actitud, que si él continúa resentido con ella porque lo llamó cuando estaba ocupado.

Proteger a su pareja le ayuda a él a aliviar su temor al fracaso como proveedor, amante, protector y padre, y le ayuda a ella a aliviar su miedo al aislamiento, la privación, y el perjuicio.

Piense en algo por lo que se siente culpable (o resentido) ahora mismo, y piense cómo puede proteger a la persona que estimula la culpa. En el caso de Steven, él pensó en cómo hacer que su amiga se sienta valiosa cuando hablen, lo que reducirá la ansiedad de ella.

Mejorar, apreciar, conectar y proteger crean una conexión más cercana. Son armas poderosas contra la reactividad, lo contrario a desvalorizar. He aquí un ejemplo de las cuatro inspiraciones en acción.

Sus valores esenciales

María estaba harta de que Toby fuera indiferente con ella. A veces ella pensaba que él iba a pasar el resto de la vida enfadado en el sofá. La reacción usual de ella era tratar de conversar, pero sus esfuerzos sólo producían respuestas a una palabra. Ocasionalmente, ella lo confrontaba respecto a su frialdad lo que, obviamente, él negaba e implicaba que ella era muy sensible o muy exigente. Pero esta vez, después de uno de nuestros seminarios, María trató de pensar en lo que podía hacer para sentirse mejor. Sacó las fotografías del matrimonio. Solamente con pensarlo, se sintió un poquito mejor; a medida que pasaba las páginas del álbum, empezó a sentirse feliz. Se sentía tan bien que compartió las fotografías con Toby. Su calidez genuina respecto a las fotografías, muy diferente a fastidiarlo por su frialdad, lo volvieron cálido a él, y también disfrutó de las fotografías. Antes de que terminaran, él se disculpó por haberse enfadado; la misma actitud que antes había negado vigorosamente.

Es importante notar que no se habrían conectado de esta manera si María hubiera tratado de pensar en una manera de que Toby cediera. Ella se habría visto como una manipuladora. Compartir las fotografías funcionó para que Toby se sintiera cálido solamente porque María se había sentido genuinamente cálida con ellas; él solamente reaccionó a su calidez. El cambio tenía que ocurrir en María, primero. La intención de ella fue hacerse sentir un poquito mejor, no compartir las fotografías con Toby. Una vez que se activó su valor esencial, ella se convirtió en la persona que quería ser, y con naturalidad eligió conectarse con su marido al compartir las fotografías con él; por lo tanto eligió convertirse en la compañera de vida que soñó ser.

El cambio real en María vino menos de las fotografías que de su inspiración para mejorar. Ella se hubiera sentido mejor mirando las fotografías, o cualquier otra cosa de valor para ella, así no hubiera elegido mejorar su relación, conectarse con Toby y protegerlo de su enfado auto-destructivo. Y ella se hubiera sentido mejor al actuar inspirada por mejorar aunque Toby hubiera seguido enfadado después de que ella le mostró las fotografías. **Ella no hubiera permitido que su comportamiento resentido controlara sus valores esenciales.** Es por esto que la inspiración para mejorar es una aventura en la que no se pierde, incluso si no siempre conlleva la conexión.

Ahora conteste las preguntas sobre "lo más importante" de nuevo, esta vez con lo que usted piensa que su pareja contestaría.

¿Qué cree que es lo más importante para su pareja sobre él o ella como persona?

¿Qué cree que es lo más importante para su pareja sobre él o ella como pareja?

¿Qué cree es lo más importante para su pareja sobre la vida de él o ella en general?

Si no está seguro de cómo puede responder su pareja estas preguntas, no se preocupe. El resto de este libro le ayudará a acercarse lo suficiente para conocer los valores esenciales del otro, lo que casi con seguridad fortalecerá la conexión entre ustedes, sin tener que hablar de ello. Para darse una idea de cómo el conocer los valores esenciales del otro puede acercarlos, considere los ejemplos siguientes:

- ♥ Jaclyn sabe que ser un buen proveedor para su familia es la cosa más importante para su esposo. Él no tuvo que decirle eso; ella lo supo por la tensión de él por el trabajo y por las cuentas. Ella gustosamente alivió algo de la presión financiera de él al convenir en que conduciría su automóvil viejo durante un año más, aunque ella quisiera uno nuevo.
- ♥ Gene ha dejado de tratar de influenciar a Melinda respecto al tiempo que ella gasta en actividades de la iglesia. Él nunca en-

tendió cuando Melinda le dijo, repetidamente, que su trabajo voluntario en la iglesia era importante para ella. Pero un día él fue con ella a distribuir alimentos a los ancianos y observó de primera mano su animación y sentido de utilidad. Aunque no le gustaba que ella se ausentara de la casa con frecuencia para hacer esas actividades, él transformó su resentimiento en respeto y admiración.

♥ Trudy sabe que para Sam es importante ser un buen padre. En vez de fastidiarlo para que pasara más tiempo con los niños, ella se ofreció a reemplazarlo en el negocio para que él pudiera entrenar al equipo de sóftbol de su hija. Trudy ha disfrutado mucho al ver la emoción de Sam y experimenta el beneficio de su buen genio y la cercanía con su hija.

No podemos insistir demasiado en la importancia de mantenerse leal a sus valores esenciales y de respetar los de su pareja. Si usted convierte esto en una costumbre, su relación no solamente mejorará sino que se transformará sin que usted jamás hable del tema.

La capacidad de mantenerse leal a sus valores más profundos, y así transformar la mayor parte del miedo y la vergüenza, está completamente dentro de usted. Si usted permanece leal a las respuestas de las preguntas sobre "lo más importante", probablemente tenga una conexión fuerte con su pareja. Y al final, usted se juzgará por sus propios esfuerzos y comportamiento, no por los de su pareja. En su lecho de muerte, usted no se lamentará por lo que él/ella no hizo; usted pensará sobre su fidelidad a las cosas más importantes para usted. Cuando usted esté molesto, furioso o resentido, trate de concentrarse menos en lo que su pareja está haciendo y hágase estas preguntas:

¿Estoy actuando como la persona que quiero ser? Si no, ¿qué puedo hacer para actuar como esa persona? Respuesta: mejorar (hacer que las cosas sean un poquito mejores), apreciar, conectar o proteger.

¿Estoy siendo la pareja que quiero ser? Si no, ¿qué puedo hacer para ser esa clase de pareja? Respuesta: mejorar (hacer que las cosas sean un poquito mejores), apreciar, conectar o proteger.

Permanecer leal a los valores esenciales, sin importar lo que haga su pareja, es el primer paso necesario para la mejoría de la relación. El paso siguiente es profundizar su comprensión de la perspectiva de su pareja, lo que significa aprender a reconocer el miedo y la vergüenza en su relación.

Ocho

Aprender a transformar el miedo y la vergüenza en la relación

Ya habrá adivinado que evitar el miedo y la vergüenza es un obstáculo grande para comportarse de acuerdo con sus valores esenciales. Para ser leal a esos valores, no puede evitar el miedo y la vergüenza, tiene que transformarlos. Y para mejorar la relación tiene que transformar su miedo o vergüenza en compasión por su pareja. Es una gran exigencia. ¿Cómo podrá usted siquiera reconocer el punto vulnerable de su pareja si usted está atrapado en el suyo?

Las buenas noticias son que su propio miedo o vergüenza son la señal más confiable de que su pareja también se siente vulnerable y que él o ella necesita tanta compasión como usted. Así es, su propio miedo o vergüenza son una señal interna de que su pareja se siente herida, pero usted debe reconocerlo. Una vez que usted reconozca el punto vulnerable de su pareja podrá mostrar compasión, lo cual hace muy probable que usted reciba compasión a su vez.

El desafío de ser sensible al miedo o la vergüenza de su pareja está en el hecho de que estos sentimientos se expresan casi siempre como furia, resentimiento, crítica o culpa. Esto quiere decir que usted debe ser compasivo, comprensivo y cariñoso al máximo cuando menos quiere serlo. Es una habilidad que de verdad suena más difícil de lo que es. Y el resultado es invaluable, no sólo para la relación sino también para su autoestima. He aquí los principios generales para recordar cuando se desarrolla esta valiosa habilidad:

- ♥ Si usted es mujer y se siente resentida, furiosa, ansiosa o temerosa y su pareja no le está ayudando, él trata de evitar sentir vergüenza. Su ansiedad es igual al sentido de él de inadecuación o fracaso. Su propia ansiedad es la señal más confiable de la vergüenza que él siente.
- ♥ Si usted es hombre y se siente resentido, furioso, enfadado o retraído y su pareja no le está ayudando, ella se siente ansiosa. Su propia irritación es igual al miedo de ella. Su irritación es la señal más confiable del miedo de ella al aislamiento y la privación.

Una clara consciencia de esto es crucial. Si usted hiere a su pareja cuando él o ella ya están sufriendo, será como echar leña al fuego. Antes de empezar a lidiar con el contenido de la herida, lo que específicamente está motivando el miedo o la vergüenza, usted debe encontrar un modo no verbal de conectarse y mostrarle al otro que lo valora. El modo debe ser no verbal porque el miedo y la vergüenza drenan sangre del neocórtex; la parte que se encarga del lenguaje en el cerebro. Si intenta hablar, tartamudeará para encontrar las palabras adecuadas o, más seguramente, utilizará las palabras incorrectas y expresará algo distinto a lo que quiere decir. Por ejemplo, puede que usted le esté pidiendo a su pareja que lo valore, pero sus palabras muy probablemente la desvalorizarán a ella. Adicionalmente, si usted es una mujer que se siente ansiosa o resentida, y a esto le añade una conversación, el nivel de activación de él se elevará y la conversación hará que todo sea peor, no mejor. En contraste, hacer una conexión no verbal bajará la reacción del miedo y la vergüenza en cada uno de ustedes y los capacitará para lidiar más efectivamente con los asuntos que tienen entre manos.

He aquí algunas señales de conexión que nuestros clientes han encontrado. Cualquiera que sea la que usted encuentre debe estar mutuamente convenida y debe funcionarles a los dos para que señale la importancia igual de cada uno:

- ♥ Un gesto de afecto
- ♥ Un abrazo
- ♥ Una señal manual
- ♥ Ofrecer una bebida o taza de café/té
- ♥ El pétalo de una flor
- ♥ Una vela encendida
- ♥ Un pequeño regalo
- ♥ Dar ayuda

Porque reconoce que todas las relaciones tienen períodos de desilusión y desconexión, a Pat le gusta dar a las parejas un regalo especial de matrimonio para esos tiempos. Ella envuelve una bella copa con el siguiente mensaje:

El amor verdadero tiene altos y bajos. La manera cómo se maneje esta marea normal va a determinar el curso de su relación. Este regalo está destinado a ayudarte durante los tiempos bajos. Cuando te halles a distancia, en un problema, en un mal sitio, no importa quién tenga la razón, llena la copa, recuerda el amor que comparten hoy, ofrécela a tu pareja y la conexión se restaurará.

Amor y bendiciones,
Pat

Observe que cada uno de estos gestos de reconexión requiere una persona solamente. Incluso el regalo en el ejemplo de Pat es sólo una copa. Si una persona hace un gesto genuino de conexión, la pareja sentirá el impacto aunque él o ella no se comporten de manera recíproca en el momento. De hecho, es más probable que un hombre sienta el impacto en el momento pero no actúe sino después, casi siempre porque a los hombres les toma más tiempo procesar el cortisol que acompaña la activación abrupta de su circulación. Sin embargo, un gesto como cualquiera de los anteriores incrementa la posibilidad de que la conexión se restaure más temprano que tarde. Aun si su pareja no responde de la manera que usted quisiera, hacer un gesto de conexión lo conectará a usted con sus valores esenciales, las cosas más importantes sobre usted, y elevarán el nivel de compasión de la relación. Esto sólo puede traer un efecto positivo a largo plazo.

Cuando los dos se sienten conectados, se puede resolver fácilmente el problema que originalmente ocasionó el resentimiento, la rabia, la ansiedad o la vergüenza; y su solución será consistente con lo que usted indicó que eran las cosas más importantes sobre ustedes dos.

No malinterprete: sus gestos no verbales no deben ser formas de evitar el problema; no le tome la mano para callarla ni le acaricie el pelo para manipularlo a que esté de acuerdo con usted. Deben ser gestos sinceros de reconexión para que puedan resolver el problema sin invocar el miedo y la vergüenza de cada uno. Deben transmitir que la conexión de los dos es más importante que aquello por lo que está avergonzado, o furioso, o ansioso. Si encuentra que se resiste al deseo de conectarse para entregarse al impulso de discutir o castigar o hacer valer su opinión, o simplemente porque no quiere hacerlo, vuelva atrás y lea lo que escribió como las cosas más importantes sobre usted como persona y como pareja.

Transformación de los sentimientos

Le estamos pidiendo algo difícil: estar en su mejor momento cuando su pareja esté en su peor momento. Reconocemos lo difícil que es esto y prometemos que se volverá fácil con la práctica. Primero la parte difícil: cuando una oleada de sentimientos parezca secuestrar su cuerpo y hacerlo reaccionar de una manera poco cariñosa y poco compasiva, puede sentirse bien si descarga el sentimiento y reacciona en el momento, aunque los efectos duraderos puedan ser devastadores para la relación e incluso perjudiciales para la salud. Para ayudar en esta tarea aparentemente desalentadora pero con muchas recompensas, ofrecemos la habilidad de transformación de los sentimientos, una técnica poderosa para mantenerlo leal a las cosas más importantes cuando está bajo estrés. Cuando su pareja esté en el precipicio del miedo o la vergüenza pero se muestre furiosa, crítica, irritable o resentida, practicar la transformación de los sentimientos lo prevendrá a usted de caer en la trampa del miedo y la vergüenza. Aquí es donde el miedo de uno de ustedes estimula la vergüenza del otro y viceversa. Si transforma sus sentimientos para que sean consistentes con sus valores esenciales, incrementará la posibilidad de que su pareja lo haga también. Por fortuna, transformar sus sentimientos para que sean consistentes con sus valores esenciales es a menudo asunto de redirigir. Por ejemplo, cuando sienta que quiere darse por vencido, puede transformar ese molesto sentimiento haciendo una pequeña mejora: cuando sienta que quiere culpar, redirija hacia una forma de aprecio; cuando sienta que quiere retraerse, redirija hacia la conexión; o cuando sienta que quiere atacar, redirija hacia la protección.

La clave para transformar los sentimientos es reconocerlos primero, no se puede cambiar lo que no se ve, y segundo, utilizarlos como guardianes de sus valores esenciales.

La transformación de los sentimientos no es negación ni descarga. No quiere decir "reprimirlos", "tenerlos tapados", "aguantarlos", "no darles importancia" o "mantenerlos ocultos". Si ha tratado alguna vez de evitar o retener un sentimiento, como controlar la rabia mordiéndose la lengua, ya sabe lo difícil que es. Las hormonas, los neurotransmisores y toda la fuerza de su sistema nervioso central están trabajando para descargar el sentimiento, mientras usted está tratando concientemente de reprimirlo. Eso es como conducir con un pie en el acelerador y el otro en el freno; no lo lleva a ninguna parte y puede causar mucho daño. Si ha leído muchas revistas o ha visto televisión, sabrá que reprimir los sentimientos negativos, aunque usted esté consciente o no, es malo para la salud física y para el bienestar psicológico. Pero eso no quiere decir que dejarlos salir sea bueno, especialmente cuando expresa sentimientos como la rabia, el desprecio y el resentimiento que desvalorizan a su pareja. La alternativa más sana en lugar de reprimirlos o escupirlos es transformarlos.

Transformar un sentimiento es utilizarlo como un motivador positivo, que es la razón por la cual surgió el sentimiento. El dolor y la incomodidad emocional no son castigos que le caen a usted; son señales para que usted haga correctivos. El dolor de la vejiga le dice que pare lo que está haciendo, se haga cargo de su bienestar físico y vaya al baño. De igual forma, **el dolor en el corazón le dice que tiene que hacerse cargo de su bienestar emocional.**

La mayor parte del tiempo, hacerse cargo de su bienestar emocional en la relación significa reconectarse con su pareja. Para transformar la rabia y el resentimiento que los separa, debe concentrarse en el punto vulnerable que causa su propio resentimiento y furia. Una vez que ha reconocido su propia vulnerabilidad y la de su pareja (si una es el miedo, la otra probablemente sea la vergüenza), la compasión sobrevendrá. He aquí un ejemplo de la clase de cosas que les ha ocurrido a las personas que aprendieron la habilidad de transformar los sentimientos en nuestros talleres.

Cindy había trabajado mucho para organizar a algo así como una docena de amigas para formar un club de lectura, el cual quería lanzar con un almuerzo elegante en su casa. Su marido, Jake, vio que ella estaba nerviosa por el menú del almuerzo y sugirió, con algo de irritabilidad, que contratara la comida y "¡dejara ya de estresarse!" La reacción inicial de Cindy fue, como podrán imaginar, de irritación resentida. Le pareció que Jake no sólo menospreciaba el proyecto entero como algo tonto sino que también la menospreciaba a ella por invertir su energía en eso. Ella se preguntaba por qué él no podía callarse al respecto de cosas que no entendía. Jake actuaba como si los sentimientos de ella fueran una molestia para él. Si él realmente creía eso, la relación estaría en peligro. La ansiedad de ella se disparó. Pero se acordó de nuestro taller al cual los dos habían atendido recientemente y se dio cuenta de que Jake sólo estaba reaccionando a la ansiedad de ella por el almuerzo y, a su manera, trataba de ayudar. Cierto que aparecía como si la menospreciara, pero ella entendió que él estaba a la defensiva porque se sentía impotente cuando vio que ella estaba nerviosa, puesto que él quería verla feliz.

Después de tomarse unos segundos para entender la dinámica miedo-vergüenza en la interacción de los dos, ella supo qué debía hacer. Cindy resistió la tentación de reaccionar a la furia de Jake con un estallido propio. Respetuosamente rechazó su oferta de comprar la comida y le pidió que le hiciera dos diligencias para el almuerzo que la iban a ayudar mucho. Jake agradeció tener una oportunidad de mantener calmada a Cindy. Ella le dio importancia con una manera de ayudarle a ella, lo que transformó su ansiedad y la vergüenza de él al mismo tiempo.

Debido a que Cindy entendió que la dinámica miedo-vergüenza estaba minando el intercambio entre los dos, ella no sólo evitó el abismo de "hablar sobre esto", lo que hubiera empeorado las cosas, sino que también usó lo que había comprendido para hacer una conexión con Jake que disipó la tensión entre ellos. El principio guía es: **sea sensible al miedo o vergüenza de su pareja y él o ella probablemente responderán de igual manera.**

Entonces, ¿cómo se vuelve fácil este complejo proceso? Tiene un sistema de refuerzo incorporado. ¡Convertir los sentimientos negativos en positivos se siente bien! Una vez que haga el esfuerzo de empezar a hacerlo, usted se sentirá mucho mejor respecto a usted y a su pareja y querrá seguir haciéndolo, hasta que se convierta en un hábito que se hace con piloto automático: sin parar a pensar en ello, mucho menos hablar de ello.

Vencer las barreras

Esperamos que usted esté entendiendo que la sensibilidad al miedo y a la vergüenza de su pareja es necesaria para una relación cercana. Mejor aún, probablemente se acuerda de cuando se enamoraron al principio y tenían esa sensibilidad. De manera que, ¿cuál es la barrera principal para recuperar esa sensibilidad?

Probablemente adivinó: el resentimiento. Los años de reaccionar al miedo y a las vergüenzas ocultas de cada uno interponen una barrera para lograr la habilidad de darse el uno al otro el beneficio de la duda. Las buenas noticias son que la propensión a resentirse el uno con el otro es solamente una costumbre. Las malas noticias son que las costumbres no son tan fáciles de romper. Pero usted puede hacerlo, siempre y cuando tenga en cuenta las cosas más importantes para y sobre usted. ¡Empecemos ya mismo!

He aquí el primer paso para vencer el resentimiento. Escriba las siguientes afirmaciones y léalas en voz alta (le pedimos que las escriba porque de esta manera llegan al inconsciente más rápido, y le pedimos que las lea en voz alta porque se compromete más con ellas, particularmente si las lee en voz alta delante de otra persona).

Mi bienestar emocional es importante para mí.
Mi bienestar emocional es más importante que todo lo que resiento.
Mi bienestar emocional es más importante que el mal comportamiento de cualquiera otra persona.
Mi relación es más importante que todo lo que resiento y es digna de aprecio, tiempo, energía, esfuerzo y sacrificio.

Piense en algo que le molesta de su pareja, por ejemplo, la rabia de él, su indiferencia, su negatividad, o "los sermones" de ella, su crítica, sus gastos en exceso, negarse al sexo. Piense cómo responde usted a ese comportamiento, por ejemplo: juzgando, poniéndose a la defensiva, estallando, cerrándose o retrayéndose. Entonces, pregúntese: ¿está siendo leal a la cosa más importante sobre usted como persona y como pareja cuando reacciona de ese modo?

Si contestó que no, piense cómo sería su reacción si usted fuera consistente con las cosas más importantes sobre usted como persona y como pareja. Mujeres: traten de entender el punto de vista de él y expresen compasión por la vergüenza que lo pone furioso, resentido, o retraído. Hombres: traten de hacer conexión con ella, acarícienla en los hombros, o préstenle ayuda para aliviar el estrés. En breve, ambos encontrarían la manera de dejarle saber al otro que lo quieren si fueran leales a las cosas más importantes sobre ustedes como personas y como parejas.

Reemplazar el resentimiento por compasión

Contrario a la creencia popular, el sentimiento de apego más importante no es el amor, es la compasión. ¿Por qué, se preguntará usted, la compasión es más importante que el amor?

La compasión nos hace sensibles a la individualidad, la profundidad y la vulnerabilidad de nuestros seres amados. Nos hace apreciar que son diferentes a nosotros, con un conjunto separado de experiencias, un temperamento diferente y, claro, grados diferentes de vulnerabilidad al miedo y a la vergüenza, todo lo cual los lleva a darles diferentes significados a los mismos comportamientos. Por ejemplo, cuando una mujer le dice a su pareja que "necesitan hablar", ella quiere decir que quiere sentirse más cerca de él. Él piensa que ella le quiere decir de nuevo que él le está fallando. Sin compasión, ninguno de los dos puede entender las diferencias, aunque se quieran mucho el uno al otro.

La sola intensidad del amor, cuando existe sin altos niveles de compasión, parece fundirnos uno en el otro; comenzamos a pensar que nuestros seres amados ven el mundo exactamente como nosotros. Esto oscurece lo que ellos sienten, cómo piensan y, en gran medida, quiénes son realmente. Ellos se vuelven una fuente de sentimiento para nosotros, y no personas separadas con su derecho propio. Si nos hacen sentir bien, los ponemos en un pedestal. Si nos hacen sentir mal porque no ven el mundo como nosotros lo vemos, nos sentimos traicionados.

Finalmente, la compasión nos hace más protectores que controladores. La diferencia es crucial. Cuando somos controladores, queremos que nuestras parejas se sientan mal por no hacer lo que nosotros queremos que hagan. Pero cuando somos protectores, queremos que ellos logren lo que es mejor para ellos. Más que nada, queremos que se sientan bien con lo que son.

Si quiere que su pareja sienta compasión por usted, usted debe sentir compasión por él o ella. Si quiere que él entienda su miedo y su ansiedad, usted tiene que entender la vergüenza de él, y si quiere que ella entienda su terror al fracaso, debe entender la ansiedad y miedo al perjuicio, el aislamiento y la privación de ella.

La forma más alta de compasión

La empatía es una forma de compasión que incluye identificarse con lo que otra persona está sintiendo. La empatía es algo maravilloso, pero tiene limitaciones en las relaciones entre hombre y mujer. La mujer no puede tener una empatía verdadera con la vergüenza masculina; el fracaso no es tan humillante para ella siempre y cuando se sienta conectada. Y el hombre no puede sentir verdadera empatía con el miedo femenino; la ansiedad no es tan mala para él siempre y cuando se sienta exitoso. Estas limitaciones de la empatía a menudo se vuelven una trampa en las relaciones íntimas:

No puedo sentir empatía contigo porque yo no tendría miedo de alguien que grita.

Yo no sentiría vergüenza de pedir un aumento porque no me sentiría inadecuada si el jefe dice que no.

Es relativamente fácil tener compasión de alguien que ha perdido la vista, porque usted puede cerrar los ojos e imaginar lo doloroso que debe ser perder un don tan precioso y lo difícil que sería aprender habilidades nuevas para desenvolverse en un ambiente complejo. Pero usted siente una forma mayor de compasión por una persona que nació invidente porque no puede imaginar cómo sería tener un cerebro sin imágenes visuales. Ni siquiera puede intuirlo porque su cerebro ha desarrollado circuitos complejos basados en imágenes visuales. Está más allá de su capacidad imaginarse un mundo desprovisto de imágenes visuales, lo que sería como imaginar su propia muerte; lo más cerca que puede llegar es pensar en estar dormido.

Debido a que usted no puede "ponerse en los zapatos" de la persona que nació invidente, la compasión hace que usted salga de los límites de la propia experiencia y entre al mundo de alguien completamente diferente pero igual de valioso y digno. Su compasión por la persona que nació invidente incluiría apreciar las diferencias y admirar las perspectivas únicas y la mayor agudeza de los otros sentidos de quien nació sin vista. Usted se vuelve una mejor persona cuando se expande más allá de las limitaciones de su propia experiencia.

Esta es la clase de compasión que debemos sentir el uno por el otro para que nuestra relación funcione. Usted tiene diferentes puntos vulnerables y apenas puede imaginar cómo sería pasarse la vida adaptándose a los puntos vulnerables de su pareja. Las mujeres necesitan entender que la vulnerabilidad de su pareja a la vergüenza, y el tratar de evitarla a toda costa, no está en la experiencia femenina. Y los hombres deben ver que la vulnerabilidad de sus esposas al miedo, al perjuicio, el aislamiento y la privación, y el tratar de evitarlo a toda costa, no está en la experiencia masculina. Las parejas que alcanzan la forma más alta de compasión son parejas felices. Se ayudan el uno al otro a manejar sus puntos vulnerables en vez de lanzárselos a la cara entre ellos.

No se asuste con el concepto "la compasión más alta"; usted la ha ejercido muchas veces sin pensarlo. Lo hizo cuando se enamoró por primera vez. Casi todas las mujeres cuando sienten la incomodidad de su nuevo amado automáticamente responden con conexión y protección. En los primeros días del amor ustedes se cuidaban el uno al otro y se daban apoyo mutuo automáticamente. Como resultado, su autoestima era altísima. Usted se sentía lo mejor que podía porque actuaba de acuerdo con sus más profundos valores.

Usted no tiene que volver a aprender comportamientos de apoyo o compasivos. Sólo tiene que quitarse la venda de los ojos y dejar que su sensibilidad más entrañable hacia el terror sutil y los miedos del otro surja naturalmente. Entonces sus valores más profundos se instalarán y usted sentirá el auténtico poder de dar consuelo y protección al adulto más importante de su vida.

Nueve

La visión binocular

"¿Por qué no me dijiste que eras una estrella del baloncesto?" le preguntó Leticia a Bo mientras conducían de regreso de una reunión en la escuela.

"No fui yo, fue el equipo", replicó Bo.

"Bueno, pues eso no fue lo que escuché. Tyrone y J. J. dieron a entender que tú fuiste la estrella", respondió Leticia.

"Yo no fui la estrella", dijo Bo suavemente, esperando terminar la conversación.

Leticia siguió con el tema, esperando saber más sobre esta parte de la historia de su marido: "Apuesto que fue emocionante; ganar el campeonato por primera vez".

"Sí", replicó él, sin querer propiciar más preguntas.

Leticia intentó otro acercamiento. "¿Cómo fue verlos a todos de nuevo? Ellos estaban como locos al verte".

Bo no pudo evitarlo y sonrió: "Ellos están locos, y punto. Algunas cosas nunca cambian". Finalmente, se dio por vencido ante el entusiasmo de Leticia y comenzó a hablar sobre las jugadas más interesantes de esa temporada victoriosa. A medida que hablaba, surgió una corriente de sensaciones y su primer impulso fue detenerse, pero continuó. Leticia dejó caer su cabeza en el respaldo del asiento y escuchó atentamente, imaginando los hechos mientras Bo los narraba. Exactamente cuando comenzaba a contar la tercera anécdota, timbró el celular de Leticia. Pensó que quizá no debería contestar, pero los timbres de los teléfonos la ponían nerviosa. "sí, ah, hola, Howard". Era el enfermero de la clínica que la había reemplazado mientras ella iba a la reunión; llamaba para estar seguro de tener el horario correcto. Leticia terminó la llamada en la forma más cortés posible y volvió con avidez a la conversación con Bo: "Bueno, comienza esa historia de nuevo…"

"¡Olvídalo!", respondió Bo con enfado.

Leticia se paralizó. "No, quiero escuchar más…", suplicó.

"No, Leticia, no quieres".

"¡Mira, tú puedes contestar tu teléfono, pero si yo contesto el mío me castigas!", dijo Leticia con incredulidad.

"¿Por qué siempre soy yo quien te castiga? ¿Qué hay respecto a ti castigándome a mí?" gritó Bo, y entonces todo fue silencio durante el resto del viaje.

Leticia estaba helada. Sabía que no sería bueno tratar de llevar el tema más lejos. También supo que mientras más tiempo estuvieran en silencio, más difícil sería regresar a la buena conexión que sentían hacía poco.

¿Qué pasó?

Hay muchas formas de analizar esta transacción entre Leticia y Bo. Ella pudo no hacer caso del teléfono; él pudo ser paciente y continuar el relato. Aunque estas dos razones tienen su mérito, en este momento queremos examinar la interacción teniendo en cuenta exclusivamente el objetivo de comprender cómo Leticia estimula sin intención la vergüenza en Bo. Al hacer esto, es importante evitar caer en la alternativa de quién está en lo correcto y quién está equivocado. **Cuando una mujer avergüenza a un hombre, está equivocada aunque esté en lo correcto. Cuando un hombre estimula el miedo en una mujer, está equivocado aunque esté en lo correcto.**

Dos perspectivas diferentes

Cuando subieron al auto, Leticia todavía se sentía orgullosa por la acogida que recibió Bo por parte de sus compañeros de clase. Él nunca había hablado mucho sobre sus días de escuela y ella estaba francamente desconcertada al escuchar sobre sus excepcionales habilidades atléticas, lo mismo que al observar la evidente admiración de sus amigos. Tenía muchos deseos de saber más sobre tan atractivo aspecto de su esposo, y aprovechó el viaje de regreso a casa para escuchar más sobre eso.

Por otro lado, Bo subió al auto experimentando los mismos sentimientos contradictorios que lo mantuvieron lejos de las reuniones durante veinte años. Sí, recordó el placer de establecer marcas en baloncesto durante sus años de primaria y secundaria, pero también recordó el dolor de nunca haber figurado socialmente durante cuatro años. Era tan tímido e inseguro que, a pesar de sus logros atléticos, no había tenido el valor para invitar a una chica a salir. Así que todo recuerdo positivo de los partidos estaba manchado por el temido ritual posterior de salir del gimnasio y pasar en medio de las chicas, quienes esperaban la salida de otros tipos. Afortunadamente, los amigos no le hicieron la vida imposible respecto a su falta de acción; y es que no tenían necesidad de hacerlo, él mismo lo hizo. No era que no le interesaran las chicas; se sintió atraído hacia muchas, una en especial, Sarah Jo Bentley. Estuvo loco por ella desde el verano de noveno grado hasta cuando conoció a Leticia en la universidad. Cuando vio a Sarah Jo en la reunión, ella estaba tan linda y amable como la recordaba. Verla le recordó su atracción tanto como su timidez, y a pesar de que le habló con soltura, sólo pudo pensar en que había sido un perdedor en sus años de escuela.

Entonces Leticia y Bo subieron al auto con diferentes perspectivas y actitudes. Ella quería hablar extensamente sobre la historia de Bo en el colegio, y todo lo que él quería era olvidar el asunto. Cada uno estaba atrincherado en su propia visión monocular, inconsciente de la perspectiva del otro. Si cada uno hubiera estado sintonizado con el otro, la escena se habría desarrollado en una forma muy distinta.

Al principio de la conversación, Bo ofreció muchas pistas para indicar que no estaba abierto a una conversación sobre sus días de colegio. Las pistas caen en una categoría conocida como paralingüística: todo lo que se expresa por encima y más allá de las palabras. No fue simplemente lo que dijo Bo, fue cómo lo dijo. En tres ocasiones le respondió a Leticia con un mensaje paralingüístico de "no estoy dispuesto". Miremos los intercambios:

Ella dijo: "¿Por qué no me dijiste que eras una estrella del baloncesto?"

Él respondió: "No fui yo, fue el equipo".

El hecho de que él no la siguiera en su entusiasmo era una clave de su negativa a iniciar una conversación al respecto. Si estuvieran sintonizados, su respuesta seca habría podido captar la atención de ella.

Entonces ella dijo: "Bueno, pues eso no fue lo que escuché. Tyrone y J. J. dieron a entender que tú fuiste la estrella".

Él dijo: "Yo no fui la estrella". Su breve respuesta confirmó aun más su resistencia. No sólo rechazó el cumplido sino que discrepó de su interpretación.

Ella persistió: "Apuesto que fue emocionante; ganar el campeonato por primera vez".

Él respondió: "Sí". Mucho menos que un clamoroso apoyo para que ella continuara, y una mayor confirmación de la intranquilidad que él experimentaba.

Entonces Leticia cambió su estrategia al formular una pregunta abierta: "¿Cómo fue verlos a todos de nuevo? Ellos estaban como locos al verte".

Esta estrategia fue mejor porque cambió el foco de atención desde ella hacia él. En vez de hacer comentarios y esperar respuestas, ella se situó en el papel de oyente y abrió la puerta para que él le diera información. Aunque él respondió a esta apertura, eso no significó que su incomodidad disminuyera; el auténtico interés de Leticia simplemente le dio valor para abrir la caja de Pandora y aventurarse en un tema que todavía estaba impregnado de una sensación de vergüenza e impotencia.

Cuando sonó el teléfono, Leticia respondió con una visión monocular, completamente situada en su propio marco de referencia y sin la menor pista sobre el hecho de que cambiar la atención abandonaría a Bo en su vulnerabilidad; ese terrible lugar tan temido por él hacía poco. Insensible a las pistas de advertencia que Bo había dado, ella contestó el teléfono como si estuvieran en una conversación cualquiera, y asumió que podían retomarla fácilmente después de la llamada. Sobra decirlo, ella se sintió terriblemente mal cuando se dio cuenta de lo que había hecho.

De nuevo, por favor comprendamos que el punto de este ejemplo no es determinar quién está en lo correcto o quién se equivoca. Culpar a Leticia por avergonzar a Bo no es útil y no nos ayuda a mejorar nuestras relaciones. Usamos esta historia verdadera para establecer un punto crucial: el hombre vive en el precipicio de la vergüenza; la mujer vive en el abismo del miedo. Al pensar en la relación de conexión, debemos considerar y proteger cada una de esas dos vulnerabilidades. Alcanzar una sintonía con la vulnerabilidad de la pareja es el primer paso en la visión de su perspectiva.

Volvamos al ejemplo desde la perspectiva de Bo. Recuerde: aquí está él, sintiéndose inadecuado respecto al recuerdo de que las mujeres no lo tenían en cuenta; entonces, ¡ocurre de nuevo! La intensidad de su enojo refleja la profundidad de su dolor, y una herida tan profunda requiere bastante protección. Otra vez, no estamos justificando el enojo de Bo sino simplemente invitándolo a entrar por un instante en su mundo. Un mundo que alberga el dolor de no sentirse digno de atención y donde se cree que no se es suficientemente bueno para ser amado. Si puede entender esto e identificarse con la vulnerabilidad de Bo, usted ha dado un paso hacia la compasión. Una vez allí, usted ya ha transformado su relación, sin hablar.

Aspectos prácticos sobre las emociones en general y el miedo y la vergüenza en particular.

- Cualquier cosa, positiva o negativa, que ocurre inesperadamente, aumenta la intensidad emocional.

La repentina interrupción telefónica de la conversación le produjo a Bo una sacudida adicional de adrenalina. Si él hubiera entendido que este aumento de excitación fue causado por lo repentino de la llamada y no por causa de Leticia, podría haberse sentido decepcionado en el momento de la llamada, pero no se habría enojado.

- Somos más propensos a las emociones negativas durante las épocas de transición, cuando pasamos de un estado a otro. Por esa razón, probablemente nos sentimos más irritables al dejar la casa, conduciendo hacia algún lugar, al volver a casa y así… (Si tiene un niño pequeño, sabe bien que está al borde del colapso durante las transiciones de jugar a irse a la cama, prepararse para salir, en la tienda, etcétera.)

Leticia y Bo habrían tenido una tarde más tranquila si hubieran entendido su incremento de sensibilidad durante los tiempos de transición. Dejaban una agradable ocasión social y conducían a casa: un lapso de negatividad podía ocurrir. Pero si no se hubieran culpado mutuamente por sus sentimientos negativos transitorios, estos breves y desagradables sentimientos habrían pasado rápidamente.

- La vergüenza se presenta con una súbita disminución del interés o el disfrute. Este sentimiento de decepción es responsable de muchas irritaciones en la vida. Un ejemplo es lo que se siente cuando una interesante y agradable llamada es interrumpida por la llamada en espera de un amigo.

Leticia hubiera podido aliviar lo repentino de la interrupción al expresar su propia decepción por el timbre del teléfono, o simplemente con tocar a Bo y decirle: "En verdad quiero oír lo que me cuentas, pero déjame contestar esta llamada". Del mismo modo, Bo hubiera podido suavizar su propia decepción al pensar en lo que podría decirle a Leticia cuando colgara el teléfono.

♥ El miedo al daño, al aislamiento o a la privación ocurre más cuando la conexión emocional está rota.

Bo pudo evitar su vergüenza y el miedo de Leticia al sentirse capaz de protegerla de su ansiedad y al conservar la conexión mental con ella mientras estaba al teléfono.

En vez de eso, el resultado fue la desconexión, y cualquier intento de hablar al respecto mientras se está desconectado empeorará las cosas. El truco para lograr la clase de conexión que se requiere es desarrollar la habilidad avanzada de la *visión binocular* para la relación, la ingeniosa capacidad para ver la perspectiva de su pareja y la propia.

Ser como fuimos

Hubo un tiempo en el que era fácil ver la perspectiva de la pareja. Sólo tiene que recordar cómo eran las cosas cuando estaba enamorándose. Es difícil que usted llegue a interiorizar completamente el punto de vista de su pareja y desistir del suyo, y probablemente usted no insistió en que él o ella adoptara su perspectiva en todos los asuntos importantes. Tampoco es del todo exacto decir que ambos modifiquen sus perspectivas para ajustarse el uno al otro. Mejor que eso, sus perspectivas separadas, pero equivalentes, forman una especie de dúo, como un violín y un violonchelo sonando armónicamente. El violín no cambia su perspectiva para seguir al violonchelo y el violonchelo no traiciona su propio sonido por el bien del violín. Lo que compone la armonía son los diferentes tonos de las cuerdas de los dos instrumentos resonando juntos, mientras conservan la belleza de su propia individualidad. Usted detiene la armonía en su relación cuando critica o entorpece al violín al pretender que suene como un violonchelo y viceversa. Mucha de la crítica y el entorpecimiento de las relaciones presentan la formulación: *¿Por qué no puedes ser más semejante a mí?* Lo irónico es que no se habrían sentido atraídos si su pareja fuera más parecida a usted: ¿qué puede ser más aburrido que vivir con una copia al carbón de uno mismo? Dejando esto a un lado por ahora, el violín y el violonchelo se unen profundamente y se compenetran, y es eso exactamente lo que las perspectivas duales hacen en una relación. Ellos no compiten entre sí para imponer una sola visión de la realidad; ellos se unen y se compenetran en sus respectivas visiones individuales del mundo.

Otra forma de ver la importancia de percibir la perspectiva de su pareja sin perder la propia es comparar la visión monocular con la binocular. Mirar a través de un solo ojo reduce el área que puede abarcar. Eso también deforma la percepción profunda y reduce la capacidad para ver el movimiento. Es difícil darse cuenta de esto cubriéndose uno de los ojos, porque el cerebro llena la información faltante al suponer lo que debía ver el otro ojo. Resulta más fácil ver la diferencia al usar un telescopio y unos binoculares. El desarrollo de los últimos fue una bendición para los estrategas militares, aunque un poco menos afortunado para las fuerzas enemigas que trataban de moverse sin ser detectadas. En el mundo salvaje, fueron principalmente los animales depredadores, como los leones, quienes desarrollaron una visión binocular –los ojos en el frente de sus cabezas– que los equipan para ver movimientos y juzgar distancias para acechar, perseguir y abalanzarse. Los animales de presa como los venados, que tienen un ojo en cada lado de la cabeza, padecen de una clara desventaja en su visión. Aunque pueden ver mejor desde cada lado, no pueden juzgar la distancia ni el movimiento, los cuales se compensan con el tamaño de la manada; lo que pierden en agudeza lo recuperan mediante la cantidad. Aparte del hecho obvio de que los depredadores pueden matarlos, parte de las razones por las cuales los animales de presa son más nerviosos y asustadizos, incluso en cautiverio, es que no pueden confiar en su propia visión para saber cuándo están realmente seguros. La visión monocular incrementa la ansiedad. En las relaciones humanas, las perspectivas monoculares reproducen el nerviosismo, las sospechas, y eventualmente la paranoia, que son las razones por las cuales usted siente a veces que su pareja está dispuesta a hacerlo sufrir.

Lo bueno de la visión binocular es que usted no tiene que estar de acuerdo con la perspectiva de su pareja. La clave está en enfocarse en los sentimientos de su pareja en vez de hacerlo en los hechos. No tiene que estar de acuerdo con los hechos vistos dede el punto de vista de su pareja, en la medida en que usted le dé importancia a los sentimientos asociados con esos hechos.

Veamos este ejemplo: en una conversación, Peter se enojó al percibir las críticas de Marci hacia él. No había forma de lograr que Marci reconociera que criticaba a Peter cuando lo acusaba de no tenerla en cuenta. A fin de cuentas, ella había establecido una declaración en primera persona, como su terapeuta le sugirió que hiciera. "Siento que él no me tiene en cuenta", dijo, recordando las palabras de su terapeuta. Y no había forma de que Peter admitiera que estaba susceptible, como afirmaba ella. Si bien ellos no tienen que estar de acuerdo en sus interpretaciones de los hechos como tampoco están en la obligación de entenderse mutuamente, sí tienen que saber cómo se siente el otro si es que aspiran a permanecer conectados. En realidad, ella no quería que Peter se sintiera criticado o herido. Por su parte, él no quería que ella se sintiera desdeñada y sin importancia. Todo lo que tienen que hacer es responder con su intuición sensible hacia el dolor de cada uno, sin defender sus respectivas visiones. Esto es absolutamente crucial para crear y mantener la conexión. La visión binocular tiene que incluir la sensibilidad hacia el miedo o la vergüenza que yacen bajo cualquier palabra que usted utilice.

Excluir la perspectiva de su pareja e insistir en la propia, sin importar cómo la plantee, implica que para usted es más importante estar en lo correcto que el hecho de establecer cómo se siente su pareja, y que es a la vez más importante que el bienestar de su relación.

Sumar dimensiones

Usted será menos capaz de valorar la perspectiva de su pareja si siente que está renunciando a algo, para hacerlo. Aunque a veces pueda sentirse así, en realidad su pareja no puede quitarle valor a su perspectiva. Ella o él sólo puede añadir dimensiones, lo cual proporcionaría riqueza y textura a la forma como usted colorea el lienzo de su mundo. Veamos un ejemplo.

A Barry no le agrada Jana, la nueva amiga de su esposa, pues la percibió como egoísta y manipuladora. Sintió la certeza de que ella podría aprovecharse del buen corazón de Susan. En realidad, Susan se ha visto decepcionada muchas veces antes por mujeres que se han mostrado más explotadoras que solidarias. Puesto que Barry creyó sinceramente que estaba cuidando el bienestar de Susan, se sintió impactado cuando Susan lo acusó de ser un monstruo controlador tras haber expresado sus reservas sobre Jana. Por supuesto, ella interpretó las críticas hacia su amiga como un intento de restar mérito a su propio juicio y como una forma de controlarla. El hecho de tratar de influir en el comportamiento de la pareja sin considerar su perspectiva será percibido siempre como un acto posesivo y controlador.

Como en muchas peleas maritales, éste no es un problema de comunicación. Susan y Barry acudieron a consejería matrimonial y leyeron media docena de libros sobre relaciones de pareja; aprendieron todas las cosas "correctas" que hay que decir. Más que eso, su problema consistía en una falla típica para apreciar sus diferencias en términos de miedo y vergüenza. Susan reconoce libremente que elige amigas inapropiadas con frecuencia, debido a sus "problemas de abandono", como ella los llama (una frase que encontró en uno de los libros sobre relaciones de pareja). Puesto que Barry no tiene el mismo miedo al aislamiento, la subestima y con frecuencia la critica por eso. Asimismo, Susan no comprende la sensación de inadecuación (incapacidad de proteger) que siente Barry cuando ve que sus amigas la hieren. Ella lo critica por sus intentos de control, pero él percibe esos intentos como su deseo de protegerla. Siempre que cada uno falle en alcanzar la compasión necesaria para ver las vulnerabilidades sutiles y se muestre terco en su propia perspectiva, todas las "cosas correctas" que aprendieron a decir en las terapias tendrán un efecto contrario. Barry sólo actúa para superar el miedo de Susan al aislamiento, lo cual incrementa la motivación de ella para buscar amigas con menos cuidado de lo que debería hacerlo por su propio bien. En otras palabras, entre más la critique respecto a sus amigas, más necesitará ella de esas amigas para que la respalden. La crítica inevitablemente conduce a su pareja a buscar a alguien más que lo apoye.

La perspectiva de Barry era que Susan tenía que superar sus "problemas de abandono", que en ocasiones la cegaban respecto al verdadero carácter de sus amigas. Si él hubiera validado la perspectiva de ella al utilizar la visión binocular, habría podido ver a la amiga de Susan a través de los ojos de Susan y darse cuenta de algunas buenas cualidades que tenía la mujer. También habría podido apreciar el sentido de valor que Susan derivaba de la relación. Él habría podido disfrutar de esta dimensión añadida a su propia perspectiva sin rendirse en su esperanza de lograr que Susan fuera más cuidadosa, teniendo en cuenta su historia. Adicionalmente, la solidaridad hacia la perspectiva de ella habría podido disminuir la ansiedad de Susan. Así, ella habría podido ver a su amiga separada de su propio miedo al aislamiento. Y esto le habría permitido establecer una clara valoración del carácter de su amiga, que a su vez habría estrechado su amistad o bien le habría permitido saber cuándo tomar distancia. Si ella hubiera aprendido a apreciar las manifestaciones protectoras de Barry, habría estado en condiciones de valorar su preocupación mientras decidía por sí misma quiénes serían sus amigas. Esta compasión mutua, producto de la visión binocular, habría podido acercarlos más como pareja.

La inteligencia de la visión binocular

Cuando se trata de la vista, el cerebro realiza un magnífico trabajo de producción natural de visión binocular, al integrar la información que proviene del ojo izquierdo y del derecho. Pero el cerebro requiere entrenamiento para desarrollar una visión similar en las relaciones humanas. La razón por la cual necesitamos aprender estas habilidades para las relaciones humanas es que el cerebro está organizado en forma muy subjetiva. Su visión del mundo está moldeada por su experiencia, y por eso está muy sesgada hacia su propio punto de vista. He aquí un esbozo resumido de este complejo proceso.

Es justo decir que usted nació con cerebro pero no con mente. En otras palabras, el cerebro viene con el ensamblaje requerido. El cerebro del niño tiene miles de millones de receptores, conocidos como neuronas, pero pocos circuitos las conectan. Los circuitos neuronales se forman como respuesta a la estimulación del ambiente, que ingresa al cerebro a través de los sentidos (vista, oído, tacto, gusto y olfato). La estimulación envía una carga eléctrica a través de las neuronas y hace arrancar los impulsos electroquímicos, los neurotransmisores. Estos neurotransmisores saltan entre las neuronas y forman un camino neuronal que les permite a las neuronas dispararse juntas, en forma fácil y rápida, en el futuro. La estimulación repetitiva fortalece las conexiones. Las neuronas que se disparan juntas están conectadas*. Cada vez que el niño aprende algo nuevo, su cerebro forma los circuitos o caminos que a su vez producen las asociaciones y la memoria. Es así como el bebé aprende a asociar la comodidad, la seguridad y el afecto con el pecho de mamá. Es así como aprende a reconocer la voz de papá. Cuando papá emite siempre los mismos tonos vocales, el bebé comienza a asociar a papá con esos sonidos. La memoria de los bebés respecto a papá incluirá el sonido único de su voz.

Entre más asociaciones se cumplen, más se incrementa la probabilidad de hacer las mismas asociaciones en el futuro. Todos tenemos miles de recuerdos y asociaciones diferentes basadas en nuestras experiencias del pasado. Por ejemplo, cuando usted piensa en la palabra *perro*, tal vez piense en su perro, en una raza particular

---

* Se trata de la Ley de Hebb, como está descrita en *The Organization of Behavior* (La organización de la conducta), de Donald Hebb (New York, Wiley, 1949).

de perro, o tal vez en un miedoso encuentro con un perro. Usted no piensa en una bota militar, en unas tijeras o en el marco de una pintura. A través de los años, su cerebro ha llegado a asociar *perro* con un peludo canino y no con unos zapatos de cuero, unas tijeras para papel o un cuadrado de madera. Un circuito neuronal gastado se convierte en una pendiente que conduce rápidamente a su mente por el mismo camino. Veamos un ejemplo visual para explicar mejor este concepto.

Imagine un montón de tierra fresca. Ahora imagínese que comienza a llover. La primera vez que la lluvia golpea la cima del montón, éste puede rodar en distintas direcciones. Sin embargo, una vez que se forma un camino, los siguientes flujos de agua se inclinarán a seguirlo. Con el tiempo, a medida que el camino se vuelve más profundo y se forma un surco, será muy difícil que el agua siga otra dirección distinta a ese surco. En forma similar, seguir el mismo camino neuronal una y otra vez forma conexiones neuronales más o menos permanentes*. Por ejemplo, cada vez que usted piensa, incluso como una idea pasajera: "Mi esposo es un imbécil", más se inclinará a verlo como un imbécil en el futuro. Entre más repita esta experiencia, los surcos neuronales serán más profundos.

El cerebro no sólo realiza asociaciones con ideas y conductas; también lo hace con los sentimientos. La primera vez que agarra un refresco de dieta cuando está cansado, su cerebro hace la conexión entre estar cansado y tomarse una gaseosa. Repetir este acto vuelve más fuerte la conexión. Si sigue consumiendo soda dietética para aliviar la fatiga, automáticamente comenzará a ansiarla cuando se sienta un poco cansado. Con el tiempo, no estará consciente de su cansancio, sino deseoso del refresco dietético, porque su cerebro ha asociado los sentimientos de fatiga con la vivacidad producida por la bebida.

Debido al profundo efecto de la experiencia sobre los caminos neuronales, la visión monocular está moldeada por su pasado.

---

* Queremos reconocer y agradecer al hijo de Pat, Jimmy Lutz, por la analogía del montón de tierra. Nuestros clientes consideraron este ejemplo como una gran ayuda. ¡Gracias, Jimmy!

Usar el miedo y la vergüenza para crear un amor más allá de las palabras

Cuando lo único que ve es su propio punto de vista, este estará contaminado por sus experiencias previas y, de este modo, limitará el crecimiento futuro. Cuando ve el mundo a través de la visión monocular, su cerebro salta a las conclusiones. Por ejemplo, si la experiencia ha condicionado su cerebro para pensar que las mujeres son difíciles de complacer, será más fácil creer que su mujer es difícil de complacer. Si su experiencia ha condicionado su cerebro para pensar en los hombres como indignos de confianza, se inclinará a ver a su pareja como alguien poco fiable. Y eso no es lo peor de todo; entre más experiencias negativas existan en su vida, más ansiedad y sospechas creará su visión monocular. A continuación, veamos una historia real para ilustrar este punto.

A los diecinueve años, Diana se casó con un hombre que fue infiel en repetidas ocasiones. Los años que vivió con mentiras y traiciones le produjeron muchas impresiones negativas sobre los hombres. Finalmente tuvo el valor de dejar el matrimonio; pero desafortunadamente, se llevó consigo las heridas y las asociaciones negativas. Años después de su divorcio, todavía sentía mucha desconfianza hacia los hombres y le parecía que cada hombre que conocía tenía una historia de infidelidades detrás, incluso si él no "lo admitía". Finalmente, después de muchas decepciones y fracasos en sus relaciones, ella se sometió a una terapia. A través de autoexámenes, en ocasiones dolorosos, comenzó a comprender cómo su historia personal había condicionado su cerebro para ver a los hombres como indignos de confianza y, más importante aun, cómo su miedo le impidió crear una relación amorosa feliz. Tres años después conoció a Brandon y, tras un largo y cauteloso cortejo, decidieron casarse. Pero antes de mudarse con él, Diana le exigió un compromiso: ir a su casa y quitar todos los símbolos de su vida de soltero. Ella no quería sentirse confrontada con recuerdos de sus primeras relaciones. No le pidió que destruyera nada, sino que simplemente pusiera esas cosas lejos, donde ella no pudiera verlas. Brandon aceptó rápidamente. Sin demora, vació su casa de fotos, recuerdos, cartas y cualquier parafernalia asociada con su vida de soltero. Diana se mudó y todo iba estupendamente, hasta un día en que Brandon estaba en el trabajo y ella abrió un cajón del baño, donde encontró una provisión completa de condones (ella tenía una histerectomía. Él tenía una vasectomía. Ninguno de los dos tenía sida, y ambos habían sido monógamos durante más de un año. Por tanto, ellos no usaban condones). Después del descubrimiento en el baño, parecía que había condones dondequiera que ella miraba: en la habitación, en el armario, ¡hasta en el comedor!

Cuando Brandon llegó a casa esa noche, Diana usó todas las habilidades comunicativas que aprendió en las terapias. Se sentó con él y le explicó lo que sentía y lo que le había pedido. Usó todos los términos correctos, como "Yo siento que…" y "Lo que quisiera es…". Conociendo su historia, Brandon entendió inmediatamente lo doloroso que tuvo que ser para ella encontrar esos condones. Se disculpó y le dijo que inmediatamente botaría todos los condones. Pero dos días después, cuando Diana abrió un cajón de la cocina, ¡vio otro condón!

Esta vez, cuando Brandon volvió a casa, las habilidades comunicativas salieron por la ventana. Tan pronto cruzó la puerta, ella llegó hasta él, arrojó el condón sobre la mesa y gritó: "¿Por qué me mentiste? Dijiste que botarías todos los condones. ¿Por qué no puedo confiar en ti? ¿No ves cuánto me duele esto?"

Brandon se puso pálido. Miró hacia la mesa, luego miró a Diana, después encontró en su interior la capacidad para hablar con compasión: "Sí, querida, sé cuánto te duele, pero eso es una bolsa de té".

Diana y Brandon se ríen hoy de ese incidente, porque años de experiencias positivas han reemplazado sus viejas visiones monoculares por una visión binocular más amistosa de cada uno. Pero antes de avanzar, usemos el ejemplo del condón para ilustrar otro concepto de la neurociencia que explica por qué cuesta tanto esfuerzo cambiar la visión monocular por la binocular.

Una vez que se hace una asociación, no sólo se incrementa la probabilidad de hacer la misma asociación después, sino que también se reduce la probabilidad de hacerla de otro modo. Cuando usted está condicionado para ver condones, ¡verá condones! Incluso cuando está buscando una bolsa de té, su experiencia previa reducirá la probabilidad de ver una bolsa de té e incrementará la posibilidad de ver un condón. Cuando está condicionado para ver a su pareja como furiosa o mezquina, se reduce la posibilidad de verla de otra forma. Su pareja puede ser amable, solidaria, amorosa, y usted no lo notará, pero el primer signo de enojo o mezquindad le llamará la atención. ¡Cuando se está condicionado a ver negativamente, se verá negativamente! Este es un reconocido fenómeno llamado "confirmación del prejuicio". Y cuando usted se aproxima a alguien creyendo que él o ella será negativo, usted recibirá casi siempre una reacción negativa. Es por eso que la visión monocular es tan destructiva para las relaciones.

Evaluar su visión monocular

Como indicamos, su visión del mundo está ampliamente influenciada por sus experiencias del pasado. Esta influencia no es consciente durante la mayor parte del tiempo, especialmente cuando están implicados el miedo y la vergüenza. Use los siguientes ejercicios para hacer una lectura sobre cómo su pasado puede influir en sus percepciones de hoy. Simplemente complete las frases, escribiendo la primera respuesta que le venga a la cabeza.

Los hombres son...

Un hombre siempre será...

Los hombres son buenos para...

A través de mi vida, mis relaciones con los hombres han sido...

En una relación, el hombre va a...

Usted siempre podrá confiar en un hombre para...

Las mujeres son…

Una mujer siempre será…

Las mujeres son buenas para…

A través de mi vida, mis relaciones con las mujeres han sido…

En una relación, la mujer va a…

Usted siempre podrá confiar en una mujer para…

En ocasiones, completar estas frases le ofrece una intuición sobre sus formas inconscientes de considerar a las mujeres y a los hombres. En el taller de Pat, una mujer comentó: "Yo sabía que estos pensamientos estaban en alguna parte de mi historia. Pero no me di cuenta de que estaban tan cerca de la superficie; este ejercicio explica muchas de mis relaciones pasadas". Todas las respuestas que escribió sobre los hombres estaban llenas de connotaciones negativas, aun cuando la raíz de la frase es neutral.

Es importante observar que las percepciones **negativas de su pasado pueden ser la principal fuente del miedo y la vergüenza del presente.** El miedo de Diana no proviene de ninguna acción de Brandon sino de su historia con los hombres. Este hecho es muy relevante para quienes tienen una historia llena de miedo y vergüenza.

El efecto manguera de incendios

Hay otra forma de formar un surco en un montón de tierra que no requiere repetición: ¡échele agua con una manguera de incendios! El poderoso chorro de agua puede hacer un surco, tan hondo o profundo como lo harían años de lluvia. El trauma, que es cualquier amenaza real o imaginada, actúa como el agua de una manguera de incendios. Los eventos traumáticos pueden incluir abuso verbal, físico o sexual; humillación pública; pérdida del trabajo; quiebra financiera; traición; rechazo; abandono; violencia; guerra; pobreza, la lista es larga. Los eventos que ponen en peligro la seguridad física, las relaciones afectivas o el campo emocional, dejan impresiones más duraderas. Quien haya experimentado eventos traumáticos como esos tendrá una gran sensibilidad para reaccionar al miedo, o a los eventos provocadores de vergüenza*, y es muy poco lo que puede hacer una pareja para aliviar ese dolor. Sin duda, evitar actos intencionales que puedan disparar la hipersensibilidad es el primer paso para ayudar. Otra forma es tener compasión respecto al sufrimiento y la angustia que acompañan estas reacciones emocionales extremas. Una tercera forma de ayudar es poner en práctica los rituales de conexión que hay en este libro. Ciertamente, las estrategias más efectivas deben provenir de la persona con respuesta reactiva de miedo o vergüenza. Si el problema ha llegado hasta el punto donde cada uno de ustedes siente que tiene que caminar sobre cáscaras de huevo, les recomendamos mucho leer el libro de Steven *You Don't Have to Take It Anymore* (No lo aguante más).

Visión binocular veinte/veinte

Con la visión monocular usted se inclinará a ver lo que ya ha visto, a oír lo que ya ha oído y a sentir lo que ya ha sentido. Al contrario, la visión binocular acepta nueva información, lo cual le permite ver a su pareja más o menos objetivamente e integrar sus características positivas y negativas. Pero más aun, la visión binocular incluye ver objetivamente su propia conducta; y tener una idea de cómo es vivir con usted. Desarrollar la visión binocular exige un alto grado de

---

* Si usted tiene un puntaje de 20 o más en el índice MAP (miedo, aislamiento, privación) o en el índice VIF (vergüenza, inadecuación, fracaso), entonces es evidente que usted puede tener una reacción muy sensible hacia los eventos de miedo o provocadores de vergüenza y debe escapar de esa vulnerable posición aceptando los numerosos recursos disponibles.

madurez, porque requiere abandonar los surcos mentales que formamos y ver el mundo tanto a través de los ojos de su pareja como de los suyos. Use el siguiente ejercicio para ver lo cerca que está de la visión binocular veinte/veinte.

Señale tres características negativas que piensa pueden describir a su pareja (por ejemplo: estar enojado, distante, egoísta, preocupado, gruñón, poco razonable).

1. _____
2. _____
3 _____

Ahora escriba tres características positivas que quisiera ver más en su pareja (por ejemplo: ser más afectuoso, generoso, colaborador, o ser más activo sexualmente).

1. _____
2. _____
3. _____

Mire de nuevo las características negativas que escribió y describa cómo cada una puede aplicarse también a usted. Por ejemplo, si escribió "enojado" como número uno, entonces puede responderse: "Mi enojo se muestra en los pensamientos negativos y en los juicios que hago respecto a mi pareja" o "Mi enojo se refleja en la forma cómo trato a los niños". Si anotó "distante", su respuesta puede ser: "Me comporto distante en la habitación cuando evito las relaciones sexuales" o "Soy distante cuando oculto información a mi pareja".

¿Se sorprendió de la forma tan fácil como se pueden encontrar las faltas de su pareja en usted? La visión binocular incluye nueva información sobre su conducta al igual que la de su pareja. Si se estremece cuando piensa en estas cosas, está en el buen camino para desarrollar la visión binocular. Si no se estremece con estos pensamientos, puede necesitar la ayuda de su pareja para alcanzar una mejor lectura de su conducta.

¿Qué tan difícil hace usted que su pareja pueda darle lo que quiere?

El siguiente paso es aun más difícil pero bien vale la pena el esfuerzo. Vuelva atrás y mire la lista de las características positivas que quisiera ver más en su pareja. Para cada conducta positiva, pregúntese lo difícil que le hace usted a su pareja comportarse de esa manera. Por ejemplo, si escribió que quisiera que su pareja "estuviera más interesada en el sexo" o "que estuviera más cerca de mí", su respuesta puede parecerse a algo como: "Yo le hago más difícil a mi pareja interesarse en el sexo mediante quejas constantes y al no tener en cuenta sus necesidades de intimidad" o "Yo le hago más difícil a mi pareja estar más cerca de mí al permanecer ocupado y no tener nunca un momento de tranquilidad". De nuevo, aquí también se va a estremecer. Entre más intuiciones y estremecimientos tenga sobre su propia conducta, mejor será su visión binocular.

¿Cómo hacerlo más fácil?

Esta sección tampoco es un paseo por el parque. Sin embargo, es el siguiente paso lógico para quien se interese realmente en encontrar el amor más allá de las palabras. Mire de nuevo las características positivas que quisiera incrementar en su pareja. En cada ítem, piense cómo podría hacerlo más fácil para su pareja. Por ejemplo, si escribió que quisiera que su pareja estuviera "más interesada en el sexo" o "en más diversión", su respuesta podría parecerse a algo como: "Para hacer que ella se interese más en el sexo, yo podría ser más afectuoso en formas no sexuales". "Para lograr que haya más diversión, yo podría unirme más a las actividades que sé que él disfruta".

Ahora, ¡hágalo!

Para hacer a mi pareja más...

Yo podría...

Si usted piensa que al cambiar su propia conducta podría lograr que su pareja fuera más adorable, ¿lo haría? Escoja una de las conductas sobre las que escribió antes y comience a practicar. Cambie su propia conducta y no se sorprenda cuando observe que su pareja también comienza a cambiar.

Más renovaciones

La dinámica de las relaciones moldea los circuitos neuronales del cerebro tanto como las experiencias individuales. Si la experiencia del condón/bolsa de té se repitiera algunas veces (afortunadamente, ése no fue el caso para Diana y Brandon) Diana podría haber comenzado a asociar su dolor y malestar, sin importar el origen, con algo que Brandon hizo: si yo me siento mal, es porque debes estar haciendo algo mal. Brandon habría podido comenzar a asociar su dolor y malestar con una acusación inevitable: si ella está dolida, yo estoy en problemas. Entonces, él se habría puesto a la defensiva en lugar de volverse compasivo cuando ella sintiera dolor o malestar. **La compasión natural que sienten las parejas mutuamente da lugar a resentimientos defensivos en cuanto se comienza a temer que el otro falle o lastime de algún modo.** La pareja queda atrapada en una visión rígida y monocular que hace que el ser querido parezca más un oponente que un compañero.

Es probable que, si usted compró este libro, tenga visión monocular*. Pero nos encanta decirle que no está atrapado en ella. Puede cambiar la manera en que su cerebro está condicionado y comenzar a ver la vida a través de una lente más enriquecedora que incluya sus experiencias y las de su pareja. He aquí algunos ejemplos.

---

* Recuerde, esto no significa que usted esté mirando por un ojo solamente; significa que no está mirando la perspectiva de su pareja.

Visión monocular

> A él no le importan mis sentimientos.
> ↓
> Él no me ama.
> ↓
> ¡No se saldrá con la suya!

- *Entender las señales de ansiedad, miedo y vergüenza.* Esto puede ayudar enormemente. Si Diana hubiera entendido y controlado su ansiedad sobre el condón, habría considerado aproximarse a Brandon de este modo: "Soy tan sensible que cosas como éstas disparan mi ansiedad hasta el techo y reacciono exageradamente". Entonces, Brandon podría haber calmado la ansiedad de ella más que defenderse contra el enojo que ocasionó.
- *Asociar su perspectiva con la de él.* Diana sabía lo que sentía cuando encontró lo que pensó que era un condón y su aflicción la condujo a juzgar el carácter de su esposo. Pero, ¿cómo fue para él? Incluso si hubiera sido un condón que él hubiera pasado por alto, ¿eso significaría que no la amaba o que no consideraba sus sentimientos? ¿Qué tan hiriente fue para Brandon que ella siempre pensara lo peor respecto a él?
- *Asociar el beneficio de la duda con malestar y dolor.* Cuando sienta dolor, piense: "Probablemente existe una buena expli-

cación; pues bien, lo resolveremos". Muchas tristezas pueden evitarse si las parejas se conceden mutuamente el beneficio de la duda o si simplemente se detienen para conseguir más información. Cuando usted experimenta una fuerte reacción hacia un evento cotidiano, su primera respuesta podría ser: "Un momento, voy a escuchar y a entender el otro lado".

- *Asociar una imagen positiva de su pareja y de su relación con su malestar y su dolor.* La clave de esta técnica es decidir qué clase de imagen de su pareja quiere alimentar. ¿Quiere verlo como un mentiroso, un mujeriego y un tonto insensible, o como un hombre con buenas intenciones que se preocupa por su bienestar pero que ocasionalmente se equivoca? Esto es más que una variante de 'inocente hasta que se pruebe lo contrario'; esto obliga a sumar la perspectiva de su pareja a la suya, que es de lo que se trata la visión binocular. Si usted hace esta asociación repetidamente, forjará nuevas conexiones en su cerebro que tendrán profundos efectos para el estado de su relación.

Tener la perspectiva de su pareja junto a la suya

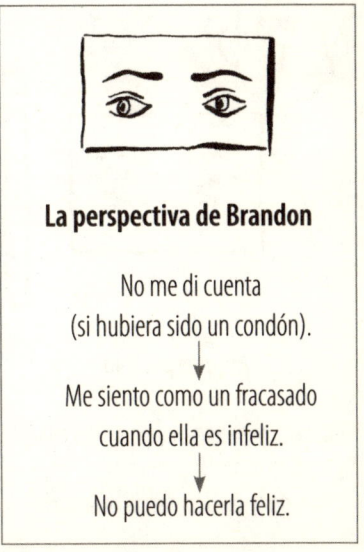

La perspectiva de Diana	La perspectiva de Brandon
A él no le importan mis sentimientos.	No me di cuenta (si hubiera sido un condón).
↓	↓
Él no me ama.	Me siento como un fracasado cuando ella es infeliz.
↓	↓
¡No se saldrá con la suya!	No puedo hacerla feliz.

Desde luego, durante buena parte del tiempo no sabrá cuál es la perspectiva de su pareja y por tanto no sabrá qué asociar con sus sentimientos de angustia. En ese caso, el reflejo a desarrollar es: hasta que no sepa cuál es la perspectiva de su pareja, la suya está temporalmente incompleta, lo cual significa que no tiene suficiente información para alcanzar una conclusión.

¡Nunca confíe en la mitad del cuadro!

La visión binocular consiste en aferrarse a la autoestima y al valor de nuestros seres amados frente a la decepción. La habilidad para hacer lo último con alguna consistencia depende de nuestra habilidad para hacer lo primero. Lo más importante que tenemos que hacer cuando nos sentimos subvalorados es elevar la autoestima, no permitir el vengativo motivo de la rabia. Castigar a los seres amados puede hacer que nos sintamos temporalmente más poderosos pero no más valiosos. Por ejemplo, la rabia que sintió Diana cuando

Reconocer que su visión es incompleta

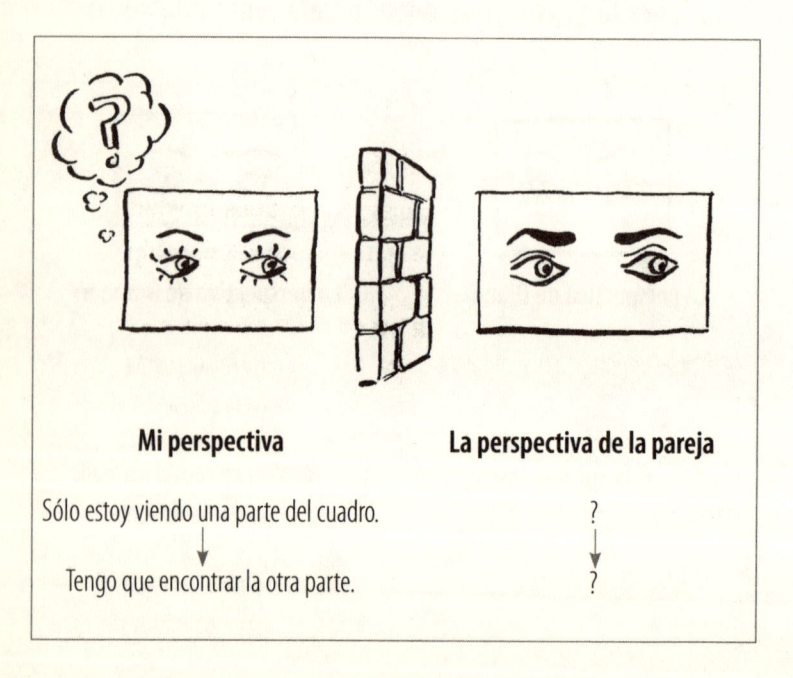

Mi perspectiva   **La perspectiva de la pareja**

Sólo estoy viendo una parte del cuadro.   ?

↓   ↓

Tengo que encontrar la otra parte.   ?

confundió una bolsa de té con un condón, no provino de un acto de Brandon sino de un significado que ella le dio. Para ella, eso significaba que él no la amaba y que no merecía su consideración. Ella lo atribuyó a su propia valoración y no a su mala memoria. Su rabia era para castigarlo a él por reducir su propia estima. Hizo del ser amado un enemigo.

Diana tiene que entender que su valor como persona es muy importante como para ser disminuido por lo que encontró en el cajón, sin importar lo que fuera. Ella necesita un mecanismo interno para levantar su autoestima cuando cae precipitadamente, como pensar en cosas más importantes sobre sí misma como persona, sentir el amor que experimenta por la gente importante en su vida, sentir su conexión espiritual, imaginar algo hermoso en la naturaleza, su música o su obra de arte favorita, el sentido de la amistad y la comunidad, y las cosas compasivas que ha hecho. Cuando pueda hacer esto, las negociaciones con su esposo serán sobre conductas y no sobre su valor como persona, y así la intensidad emocional desaparecerá. Cuando podemos aferrarnos a la autoestima frente a la decepción, nos vemos a nosotros mismos y a nuestros seres amados bajo una luz más positiva que naturalmente renueva nuestros circuitos cerebrales para la visión binocular.

La visión binocular

Vemos el cuadro completo.

La cosa más importante que hay que hacer

Desarrollar la habilidad para experimentar el mundo a través de los ojos de su pareja, mientras se conserva la propia perspectiva, puede ser la capacidad más importante para las relaciones íntimas. Como mínimo, eso le dará un sentido intuitivo sobre cómo mejorar su relación sin tener que hablar al respecto. En el próximo capítulo, verá cómo la visión binocular también le ofrece una mejor oportunidad para tener una gran vida sexual.

Diez

El lenguaje natural de la visión binocular

Cuando el sexo habla, ¿quién necesita palabras?

Cuando la relación está en ruinas, las ruinas están en la cama. Ningún aspecto de la relación tiene la habilidad de provocar el miedo y la vergüenza como el sexo. Y ningún aspecto de la relación se puede beneficiar más de la visión binocular que el sexo. No es acertado decir que el sexo es el problema de todas las relaciones infelices, pero sí que el sexo muere en las relaciones desdichadas. El sexo siempre está en los primeros cuatro lugares de las listas de los temas por los cuales las parejas pelean. La razón para esto es simple: es un recurso poderoso de placer y de dolor. Puede con facilidad evocar el miedo en las mujeres y la inadecuación en los hombres, lo que hace que ver el punto de vista del otro, o ser racional al respecto, sea muy difícil.

Ni Kirsten ni Paul estaban en un lugar racional cuando asistieron a un taller sobre parejas. Se inscribieron, principalmente, porque estaban cansados de reñir sin cesar y porque el terapeuta de la familia se los había recomendado. Fueron con su hijo de siete años, Jason, quien tenía problemas en la escuela y durante la segunda sesión el profesional sugirió que atendieran al taller de parejas para mejorar su relación (esto tenía mucho sentido dado el hecho de que las investigaciones muestran que el comportamiento conflictivo en los niños está relacionado con la infelicidad de sus padres).

Kirsten y Paul comenzaron su relación llenos de esperanza y de pasión, pero en el segundo año cayeron en un patrón de desconexión que construyó una pared de resentimiento. Después de que Jason nació, la libido de Kirsten cambió. Al principio ella pensó que se debía a las exigencias del bebé y a la falta de sueño. Paul empezó a ayudar más al levantarse por las noches a atender a Jason y dejar que Kirsten durmiera. Esto la ayudó a superar el cansancio pero no a aumentar su libido. Ella seguía sin querer tener relaciones sexuales. Intentaron dejar a Jason con sus padres una vez por semana con el fin de salir pero con esto tampoco lograron nada. Entre más tiempo pasaban sin relaciones sexuales, más hosco y violento se ponía Paul.

A medida que su frecuencia sexual bajaba, la pared de resentimiento subía. Paul estaba más furioso y Kirsten respondía con ansiedad y crítica. En ocasiones ella trataba de usar el afecto para estar más cerca de él, pero hasta eso se convirtió en un una pelea sobre el sexo. A veces él trataba de ser romántico, pero ella estaba tan resentida que no veía más que una táctica para meterla en la cama. La situación se deterioró y en unos pocos años su frecuencia sexual pasó de tener relaciones sexuales un par de veces a la semana antes de que naciera Jason, a tener relaciones sexuales tan sólo algunas veces al año, durante el quinto año. Cuando asistieron al taller no habían tenido relaciones sexuales en ocho meses, a pesar del hecho de que los dos manifestaban su preferencia de volver a la frecuencia de una vez por semana.

Paul estaba afianzado en su retraimiento y furia. Había aceptado atender al taller sólo porque estaba cansado de discutir. Kirsten esperaba que esta actividad ayudara a Paul a ver cómo la hería con su ira y cómo hacía imposible que ella sintiera una cercanía sexual hacia él. Su dolor era tan profundo que no podía darse cuenta de cómo ella contribuía a la desconexión. Pero al final de la sesión de la mañana, Kirsten empezó a ver el rol que jugaba en la distancia y la desconexión. Se dio cuenta de que sin saberlo había adoptado una postura que no hacía otra cosa que reforzar la ira y el resentimiento en Paul. A través de uno de los ejercicios, comenzó a ver que aunque nunca lo había dicho con palabras, sus acciones le transmitieron a Paul con claridad este mensaje: "Espero que seas monógamo, pero no esperes que yo satisfaga tus necesidades sexuales". Cuando la realidad de su comportamiento la golpeó, el miedo y el bochorno inundaron su cuerpo. Ella sintió el impacto de su posición irreal y la amenaza que era para su relación.

Kirsten estaba en lo cierto al percibir su postura como algo peligroso. Usted puede destruir su relación sin hablar y también la puede mejorar sin hacerlo. No darse cuenta de la importancia del sexo en una relación es una forma muy efectiva de destruir el amor. No nos entienda mal, si ninguno de los miembros en la relación está interesado en el sexo ni quiere relaciones sexuales, no hay problema. Pero si una persona quiere sexo y él o ella no tiene relaciones sexuales, la relación está en problemas. Kirsten puede ser el caso en el cual no le importaba mucho tener o no relaciones sexuales, pero debido a que Paul sí lo deseaba, la poca frecuencia de contacto puso a prueba la relación y la pared de resentimiento fue una consecuencia natural.

¿Qué pasó?

Kirsten y Paul no se propusieron acabar con su relación. Por el contrario, se enamoraron y sintieron la agonía como muchas otras parejas. Al comienzo su vida sexual era estupenda. Kirsten quería tener relaciones sexuales tanto como Paul y ella las iniciaba con frecuencia y respondía pronto a las propuestas de él. Debido a que su impulso sexual estaba en la cima durante este tiempo, Kirsten creía que siempre sería así. De lo que no se dio cuenta fue de que la naturaleza estimula la libido en la etapa temprana del amor, pero una vez esta pasa, se vuelve al punto de partida original. En retrospectiva Kirsten veía que, aparte de la etapa romántica de la relación, su libido nunca había sido alta. Una prueba hormonal de la saliva mostró que su nivel de testosterona era bajo y eso explica porque ella no sentía el deseo o la urgencia de dedicarse al sexo con frecuencia. Paul, por el otro lado, tenía un alto nivel de testosterona, así que no era ninguna sorpresa que su necesidad sexual fuera alta.

Las personas con niveles moderados o altos de deseo* como Paul deambulan con su deseo sexual a fuego lento por debajo de la superficie, listo a despertarse con el más mínimo impulso. Las personas con altos niveles de deseo, hombres o mujeres, no tienen que preocuparse por sentirse excitados, esto sucede con la estimulación normal. Una vez estimuladas, las personas con altos niveles de deseo se comportan, paso a paso, de una forma predecible, lineal hacia el orgasmo. La respuesta sexual en un ciclo de una persona con niveles de testosterona moderados o altos se muestra en la figura 1.

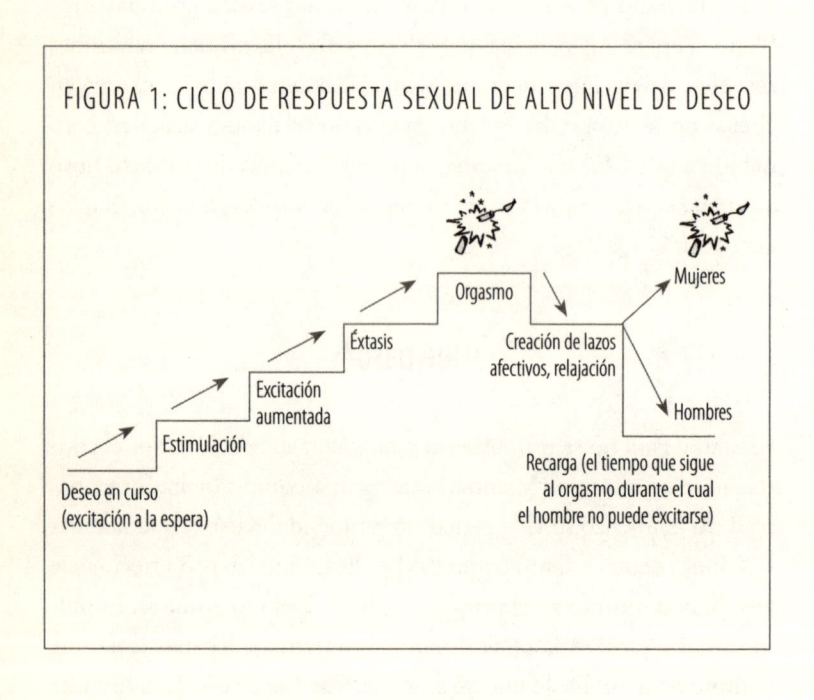

FIGURA 1: CICLO DE RESPUESTA SEXUAL DE ALTO NIVEL DE DESEO

Deseo en curso (excitación a la espera) → Estimulación → Excitación aumentada → Éxtasis → Orgasmo → Creación de lazos afectivos, relajación → Mujeres / Hombres

Recarga (el tiempo que sigue al orgasmo durante el cual el hombre no puede excitarse)

---

* Nivel alto de deseo se refiere a los niveles hormonales, esto es, la testosterona en los hombres y el estrógeno en las mujeres. Para más información sobre el deseo sexual, ver el libro *Hot Monogamy* (Monogamia ardiente) de Pat Love y Jo Robinson.

Lo que no es obvio en la figura 1 es qué tan incómoda se siente la persona con altos niveles de deseo cuando él o ella pasan por un largo período sin relaciones sexuales. Las personas con niveles bajos de deseo tienen problemas al tratar de comprender el malestar que produce en los ámbitos físico, emocional y psicológico el no tener un alivio sexual porque esta no es su experiencia. Usted puede darse cuenta de por qué Paul se resentía cuando Kirsten no tenía en cuenta sus necesidades sexuales. No tenía sentido para él que ella aplazara las relaciones sexuales. De hecho, le parecía cruel.

El bajo nivel de testosterona de Kirsten explica por qué ella sabía, en su corazón, que quería ser sexual con Paul, pero rara vez sentía ganas de hacerlo. Su corazón hacía una promesa que su cuerpo no cumplía. Mire la figura 2, la cual representa el ciclo de la respuesta sexual de una persona con bajo nivel de deseo y preste atención a su primera impresión.

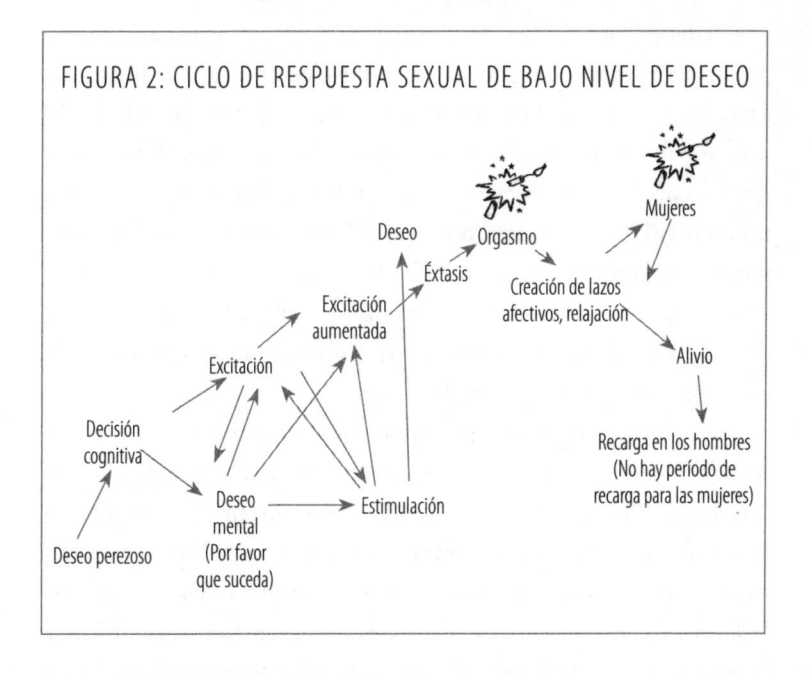

FIGURA 2: CICLO DE RESPUESTA SEXUAL DE BAJO NIVEL DE DESEO

Deseo perezoso → Decisión cognitiva → Deseo mental (Por favor que suceda) → Estimulación → Excitación → Excitación aumentada → Deseo → Éxtasis → Orgasmo → Creación de lazos afectivos, relajación → Mujeres → Alivio → Recarga en los hombres (No hay período de recarga para las mujeres)

A medida que mira la figura 2, ¿entiende el sentido tan caótico e inexplicable de este ciclo? La persona con un bajo nivel de deseo no deambula con un deseo sexual justo debajo de la superficie. Aun cuando se excita, puede no sentir el deseo de tener relaciones sexuales. ¡De hecho, la mayoría de los individuos con bajos niveles de deseo no quieren tener relaciones sexuales sino hasta que han sido muy estimulados! Sólo lo quieren cuando ya lo están haciendo. En otras palabras, tienen que hacerlo para quererlo. Esto va en contra de todo lo que hemos enseñado sobre las relaciones sexuales. Entender la naturaleza de este ciclo de bajo nivel de deseo es todavía más difícil porque durante la fase del capricho de una relación, la persona con bajo nivel de deseo actúa y parece una persona con altos niveles de deseo. Y es normal pensar que siempre va a ser así. Lo que no es evidente en la figura 2 es lo difícil que es crear deseo sexual para una persona con bajo nivel de deseo. Ella o él deben concentrarse, focalizarse, motivarse, despertar un cuerpo dormido y confiar en que el deseo aparecerá de alguna parte.

Una vez que Kirsten comenzó a entender mejor su ciclo de respuesta sexual, muchos aspectos de su relación con Paul comenzaron a tener sentido. Ella entendió por qué cada vez que tenían relaciones sexuales ella se decía a sí misma: "Esto es maravilloso, debo recordar hacerlo con más frecuencia". Kirsten también comprendió que no mantenía esta promesa porque de forma inconsciente esperaba sentir deseo antes de sentirse excitada. Además, no tener relaciones sexuales no era físicamente incómodo para ella. De alguna manera iba en contra de su corazón romántico el hecho de que fuera difícil excitarse con alguien que amaba.

A pesar de que la comprensión relacionada con el deseo sexual fue interesante y útil, no cambió ni mejoró mucho la relación. La transformación no se llevó a cabo hasta que Kirsten se dio cuenta de lo absorta que estaba en sus propios pensamientos sobre los encuentros íntimos. Una vez que ella entendió la dinámica miedo-vergüenza, la sorprendió que cuando evitaba las relaciones sexuales, pensaba sólo en lo que ella quería hacer. No pensaba en las necesidades de Paul y en la vergüenza que él sentía cuando ella retenía el contacto físico que antes le prodigaba con facilidad. Igual de importante, ella ignoraba las necesidades de la relación. Se había repetido una y otra vez: "¿Por qué debo hacer algo que no quiero?" y se sentía perfectamente justificada en su posición. Ella, de alguna manera, percibía que era culpa de Paul si no se sentía excitada como antes solía sentirse. Después de todo, fue él quien la excitó al comienzo de la relación, ¿por qué ahora no? Al final, al tener información, ser responsable y experimentar la incomodidad y remordimiento de sus acciones, ella cambió y por lo tanto la relación también, en forma permanente. Una vez que conectó el sentimiento del remordimiento con la represión del sexo, no pudo ignorar más las necesidades de Paul con respecto a la relación.

¿Por qué es tan importante el sexo?

Es interesante ver cómo los factores sexuales son tan importantes en la descripción que las personas hacen de sus relaciones. Algunos estudios muestran que, cuando las cosas van bien, las relaciones sexuales contribuyen sólo el 15 por ciento al promedio de satisfacción de la relación. Pero cuando las cosas van mal, contribuyen el 85 por ciento. Esto es en parte porque una buena vida sexual aumenta otras áreas de satisfacción y se convierte en una de las muchas cosas buenas que pasan en una relación. Pero también es debido al poder del sexo de remover la vieja dinámica del miedo y la vergüenza. Una vez activado, el torbellino que produce disminuye todas las demás áreas de intimidad y conexión de manera que el sexo, como un símbolo de intimidad y conexión, parece ser un factor muy importante en la desilusión que las personas sienten respecto a sus relaciones.

Hay otra razón para darle un lugar fundamental al sexo: es bueno para su salud física y mental, mientras que sea un consenso. Pat todavía se ríe ante esta afirmación. Cuando ella comenzó la investigación para su libro *Hot Monogamy* (Monogamia ardiente), esperaba en secreto encontrar que los seres maduros, muy evolucionados e inteligentes no necesitaban de las relaciones sexuales; que éstas eran una necesidad de los animales inferiores, y que solamente los que están en la parte baja de la cadena alimenticia hacen del sexo una prioridad. Usted ya supondrá que ella esperaba llegar a esto porque su nivel de deseo sexual era muy bajo. Sin embargo, no fue esto lo que encontró. Descubrió que el sexo, en efecto, tiene muchas ventajas para las personas involucradas. Aquí mencionamos sólo algunas.

Veinte razones para tener relaciones sexuales cuando no tiene ganas

1. **Porque usted lo dijo**. Aunque usted no haya prometido "amar, honrar y tener relaciones sexuales una vez por semana", cuando hace un compromiso con una relación se entiende que el sexo hace parte de ella. Imagine cómo bajaría el índice de matrimonios si las personas dijeran: "Me casaré contigo pero no esperes relaciones sexuales". Si usted hace una encuesta entre cien personas en la calle y les pregunta: "¿Es razonable esperar tener relaciones sexuales cuando se está casado?", una asombrosa mayoría diría que sí. Si usted espera un compromiso monógamo por parte de su compañero, es recomendable que sea un buen cómplice sexual.

2. **Las relaciones sexuales ayudan a olvidar**. La oxitocina, hormona que dispara el orgasmo, tiene un efecto amnésico que dura, por lo menos, cinco horas. Por un lapso de tiempo usted se olvidará que él llenó sus tarjetas de crédito o que llegó una hora tarde después del trabajo. Las mujeres tienen un beneficio adicional: durante el orgasmo las partes del cerebro que gobiernan el miedo, la ansiedad y el estrés se apagan (fingir un orgasmo no proporciona esta ventaja).

3. **El sexo le proporciona placer**. Cada vez que comparte una experiencia positiva con su compañero, el cerebro la asocia a él o ella con el placer. Es posible transformar una relación sólo

con incrementar el número de veces que participan juntos en actividades agradables.

4. **El sexo resalta la "C" de compañerismo.** La pasión es lo que diferencia su relación con una pareja íntima de las que tiene con sus amigas y amigos. Sí, ustedes son los mejores amigos y confidentes, pero lo cierto es que sin relaciones sexuales no habrá pasión.

Las siguientes razones provienen de un estudio publicado en 1997 en el *British Medical Journal:*

5. **Aumenta su sentido del olfato.** Después del sexo, surge la producción de prolactina y hace que las células del tallo cerebral desarrollen nuevas neuronas en el centro olfativo del cerebro (bulbo olfativo).

6. **Pérdida de peso.** Las relaciones sexuales apasionadas queman, por lo menos, doscientas calorías, lo cual es lo mismo que correr quince minutos en un aparato. Investigadores británicos han determinado que se puede eliminar el equivalente a seis hamburguesas grandes al tener relaciones sexuales tres veces por semana durante un año.

7. **Reduce la depresión.** La prostaglandina, una hormona que se encuentra en el semen, modula a las hormonas femeninas. El orgasmo libera endorfinas y produce una sensación de bienestar y de euforia.

8. **Alivia el dolor.** Durante las relaciones sexuales, los niveles de oxitocina se elevan cinco veces más de lo normal, liberan endorfinas y reducen el dolor. El sexo también provoca la producción de estrógeno, lo cual disminuye el dolor del síndrome pre-menstrual.

9. **Salud cardíaca.** Las mujeres que tienen más relaciones sexuales tienen niveles más altos de estrógeno, lo cual las protege de enfermedades cardíacas.

10. **Cura el resfriado común.** Tener relaciones sexuales una vez por semana produce un 30 por ciento más de inmunoglobulina A, la cual estimula el sistema inmune.

11. **Mejora el control sobre la vejiga.** Las relaciones sexuales fortalecen los músculos pélvicos que controlan el flujo de la orina.

12. **Revitaliza la próstata.** Algunos urólogos creen encontrar una relación entre la poca frecuencia en la eyaculación en los hombres y el cáncer de próstata. En este caso, la autoestimulación funciona igual de bien, ¿pero por qué perderse de los otros beneficios?

13. **La piel y el pelo brillan y resplandecen.** Para las mujeres, el estrógeno extra que se produce en un orgasmo hace que el pelo brille. El sudor resultado de las relaciones sexuales limpia los poros y hace que la piel resplandezca. La serotonina ocasiona este efecto.

14. **Tiene un efecto calmante.** El sexo es diez veces más efectivo que el Valium, y no tiene efectos secundarios.

15. **Descongestiona la nariz.** De verdad. El sexo es un antihistamínico natural. Ayuda a combatir la fiebre del heno y el asma.

16. **Tonifica el estómago y el trasero.** Las relaciones sexuales pueden tonificar el abdomen y el trasero, además mejoran la postura.

17. **Estimula el sistema inmune.** Las endorfinas activan las células de sistema inmune que atacan las enfermedades.

18. **Mantiene la juventud.** De hecho, las relaciones sexuales hacen que el proceso de envejecimiento sea más lento. Disminuyen los niveles de cortisol en el torrente sanguíneo, lo cual reduce el estrés y el envejecimiento.

19. **Protege contra el Alzheimer y la osteoporosis.** Las mujeres que son activas sexualmente tienen niveles más altos de estrógeno, lo que previene estos dos males.

20. **Produce euforia.** ¿Quién no quiere más? ¡La mejor forma de entrar en un estado alterado de consciencia es tener relaciones sexuales!

Cambiar de caballo en la mitad de la carrera

La mayoría de las parejas están de acuerdo con que desean tener una relación sexual más amorosa y duradera. Concuerdan en el fin último; el problema es cómo llegar ahí. Una aproximación racional dice: "Bueno, si los dos quieren lo mismo, ¿por qué no lo consiguen?" Más fácil decirlo que hacerlo. Debido a que el sexo tiene un efecto poderoso en la dinámica del miedo y la vergüenza, la parte racional del cerebro no siempre está a cargo (de otra forma tendríamos muchos menos problemas sexuales en nuestra cultura). Aquí se presentan unos pocos ejemplos de lo que sucede.

Cuando una mujer se rehúsa a tener relaciones sexuales, un hombre por lo general piensa: no soy importante o soy inadecuado como amante. La vergüenza provoca su ira o su retraimiento. Si la mujer quiere tener relaciones sexuales y el hombre se rehúsa, él recibe una doble dosis de inadecuación: soy un fracaso como compañero y como hombre. Cuando él la rechaza, ella piensa con frecuencia: "no soy atractiva o él no me quiere", lo que activa el miedo y evoca una respuesta de culpa/queja. Cuando una mujer no quiere relaciones sexuales a menudo es porque no le apetece; sin embargo, de forma consciente o inconsciente, lo culpa a él por su falta de deseo. Su negativa también puede disparar su miedo al aislamiento o al perjuicio y la motiva a buscar bienestar por otros medios como el trabajo, los amigos, los niños, las compras, comer o gastar.

Entre más respuestas de vergüenza-miedo usted haya experimentado en relación a su vida sexual, mayor será su resistencia al cambio. Las buenas noticias son que hay mucho por hacer. El malestar de la resistencia dura unos pocos segundos a menos que usted insista en ello. Además, entre mayor es la resistencia, es más satisfactorio el sentimiento de empoderamiento que usted experimenta cuando toma las riendas del asunto. Aquí va un consejo: sienta el malestar y siga adelante. Ahora le daremos tres sugerencias para proceder.

1. **Sólo diga que sí.** Esto quiere decir que en cualquier momento en que la otra persona le pida tener relaciones sexuales usted responda de forma positiva. Este pensamiento por lo general encanta a la persona con alto nivel de deseo y asusta a quien tiene un bajo nivel. Los dos pueden, al inicio, tener visiones relacionadas con nunca salir de la cama. Los dos se sorprenderán de lo bien que esto funciona. Cuando el sexo está disponible con facilidad, deja de convertirse en un tema. La ansiedad de la privación se esfuma, el afán por inventar excusas se va y la culpa de la represión se agota. ¡Una excelente forma de mejorar su relación sin tener que hablar al respecto!

    Kirsten y Paul se decidieron por esta aproximación. Estaban encantados de darse cuenta de que no tenían preferencias tan disímiles. Al comienzo él pedía tener relaciones sexuales con más frecuencia de la que a ella le hubiera gustado, pero después de dos semanas su frecuencia se niveló y cuando revisaron, después de tres meses, no podían señalar cuántas veces tenían relaciones sexuales por semana o por mes. Había dejado de ser un tema. Tenían relaciones sexuales al ritmo de sus vidas y los dos estaban satisfechos.

2. **Tú dices cuándo y yo digo qué.** Algunas veces el sexo es más fácil dicho que hecho, en especial si lo equipara con penetración. Una mujer se puede lubricar a ella misma y ser físicamente receptiva a las relaciones sexuales, pero esto, a veces, no es tan fácil para un hombre. Él debe tener una erección, lo cual puede requerir un poco más de juegos preliminares. De modo

que si la mujer dice cuándo, él puede decir qué, lo que quiere decir qué tipo de relaciones sexuales quiere tener. Él puede escoger empezar con sexo oral para estimular una erección o sugerir que vean una película atrevida. La "persona que decide el qué" puede también optar por un "rapidito" y darle a la "persona que decide el cuándo" un orgasmo y guardar el suyo para después. No es una buena idea que la "persona que decide el qué" sugiera el 68 (tú me das a mí pero yo te debo uno).

3. **Cambio de roles.** Muchas parejas se polarizan alrededor de la negociación sexual. Una dice: "Quiero más relaciones sexuales", mientras que la otra afirma: "Quiero más intimidad". Una necesita conexión para tener relaciones sexuales y el otro necesita relaciones sexuales para tener conexión. Los dos dicen la verdad. En la opción de cambio de roles la persona con alto nivel de deseo se hace cargo de la intimidad y la que tiene un bajo nivel de deseo se encarga de las relaciones sexuales. Quien quiere más sexo se asegura de que su compañero obtenga más intimidad. Quien desea más intimidad se asegura de que su compañero obtenga mucho sexo. Cada uno obtiene lo que desea; tan sólo se invirtieron los roles.

Un cambio de roles requiere madurez y comprensión. La persona con bajo nivel de deseo debe tener, por lo menos, algún recuerdo de querer tener relaciones sexuales en la primera etapa de la relación; lo que no puede estar incluido en ese recuerdo, sin embargo, es lo incómodo que resulta no tener relaciones sexuales. Esta no es la experiencia de la persona con bajo nivel de deseo, la cual se siente bien al no tener relaciones sexuales. Esta persona tendrá que creer en nosotros, o mejor aún, creer en su pareja.

He aquí lo que sucede si usted es una persona con un alto nivel de deseo y no tiene relaciones sexuales. Su cuerpo se tensiona, tiene problemas para dormir, no puede descansar, los pensamientos sexuales ocupan su mente y el sexo se convierte en algo más importante de lo que debe ser. La tensión sexual se parece mucho a una migraña. Comienza con pequeños signos de alerta como un aura de malestar que puede inducir a reflexiones distorsionadas, irritabilidad y en última instancia a un dolor punzante por todo el cuerpo. Imagine que tiene una migraña y su compañero no se da cuenta de su dolor mientras usted sufre todo el día. No hay manifestaciones de cariño como: "¿Cómo te sientes?" o "Cariño, ¿hay algo que pueda hacer por ti?" Peor aún, piense que su cónyuge está en capacidad de proporcionarle alivio a su dolor pero no lo hace.

Aquí presentamos algunos consejos para que usted pueda comenzar.

Consejos para la persona con alto nivel de deseo: sea responsable frente a la necesidad de intimidad de su pareja. Esto quiere decir comportamientos no sexuales como decir: "Te quiero", sonreír, hacer contacto visual, susurrar algo dulce (otra vez, no hablar de sexo), preguntar: "¿Cómo estuvo tu día?" y después escuchar. Cuéntele a él o a ella algo que le haya gustado de su rutina y algo que le haya disgustado o simplemente compartan más responsabilidades. Por encima de todo: cuando su pareja le pida alguna conexión antes del sexo, no lo cuestione ni hable de eso, no discuta y no trate de entender; acepte la realidad como un acto de fe, tan sólo hágalo. ¡No duele y sí ayuda bastante!

Consejos para la persona con bajo nivel de deseo: sea un compañero sexual responsable. Preste atención a las necesidades sexuales de su pareja así como a las exigencias sexuales de la relación. Evite juzgar, criticar o inventar excusas. Resista la tentación de llevar la cuenta: contar cuántas veces su pareja se sintoniza con sus exigencias íntimas. Enfóquese en lo que da, no en lo que recibe. Encuentre placer en complacer a su pareja. Vuélvase un experto en su propia estimulación sexual; hágase cargo de usted mismo de una forma en la cual se permita disfrutar las relaciones sexuales y desearlas.

La persona con alto nivel de deseo tiene una curva de aprendizaje empinada porque ella o él no entienden cuánto esfuerzo se necesita para que una persona con bajo nivel de deseo se estimule.

Requiere de una extrema concentración, además de la fe de que al final se sentirá a gusto. Imagine este escenario: usted tuvo un largo y pesado día en el trabajo, condujo durante cuarenta minutos, llegó a casa, cocinó la cena, lavó los platos, ayudó con las tareas de los niños, sacó la basura, medió entre dos peleas de hermanos, lavó cantidades de ropa y en todo lo que puede pensar es en el precioso sueño, pero cuando abre la puerta del dormitorio se encuentra con una cuerda floja de cincuenta pies entre usted y la cama. No sólo eso, su cónyuge ya está en la cama y listo para el trote. ¿Cuál es su respuesta si su pareja dice: "¡Apúrate y ven para acá, estoy listo para tener relaciones sexuales!"? Reaccionaría diferente si dijera: "Aquí está mi corazón. Voy a ir por ti para ayudarte a pasar la cuerda floja; estás muy atractiva". O qué tal si al llegar a casa su cónyuge lo recibe con un abrazo y un beso, se sientan a cenar, ya sacaron la basura y ya lavaron la ropa. ¿Cómo afecta eso su respuesta? Cuando la persona con bajo nivel de deseo dice: "Necesito sentirme conectada para tener relaciones sexuales", otra forma de manifestarlo es: "Dame algo con qué trabajar. Activa mi motivación".

Cambiar de necesidades

Si usted vive un tiempo largo con alguien y/o se queda con la misma pareja por un extenso lapso de tiempo, cada uno necesitará un tipo diferente de estimulación para mantener el sexo vigoroso y excitante. La mayoría de parejas que no están satisfechas con su vida sexual o con su intimidad sólo necesitan unos pocos cambios en su repertorio, pero comenzar estas modificaciones puede evocar el miedo en las mujeres y la inadecuación en los hombres. Si una mujer demuestra interés en una nueva práctica sexual un hombre puede pensar: no soy lo suficientemente bueno, o ¿Qué tal que yo no pueda? ¿Quiere esto decir que ella no está satisfecha conmigo? No se si pueda cumplir con sus expectativas. ¿No la he complacido? ¿De dónde sacó una idea como ésta? ¿Cuánto tiempo ha sido infeliz? ¿Existe alguien más? Si un hombre expresa predilección por una nueva práctica sexual la mujer piensa: ¿Se enfadará si le digo que no? ¿Me dejará si no lo satisfago? ¿Me hará a un lado si no le doy lo que quiere? ¿Debo hacer todo lo que él quiera para retenerlo? Si digo que sí, ¿qué me pedirá la próxima vez?

En forma irónica, los cambios que se necesitan para proveer la excitación que ayudará a profundizar la conexión, provocan ansiedad porque amenazan la estabilidad de dicha conexión. Las parejas establecen rutinas por una razón. La constancia, como el compromiso, produce bienestar. Pero entre más cómodo se esté, la vida sexual se vuelve menos excitante, a menos que usted tome los pasos para cambiarla.

La falta de excitación puede no ser la única razón para que uno de ustedes o los dos modifiquen su vida sexual. El hecho es que con el paso del tiempo, tanto hombres como mujeres necesitan cambiar los juegos preliminares para alcanzar un nivel de excitación satisfactorio. Por ejemplo, en los años tempranos de la vida femenina el simple acto del pene al entrar en la vagina envía una ola de placer por el cuerpo comparable al orgasmo. Con el tiempo, ella requiere no sólo de la penetración sino también de estimulación del clítoris para estar muy excitada. Esta es la razón por la que muchas parejas que no comienzan con sexo oral o estimulación manual con frecuencia cambian sus juegos preliminares para incluir estos tipos de incitación. Los hombres jóvenes se excitan fácilmente por la estimulación visual. El solo hecho de ver desvestir a su pareja puede excitar a un hombre de alto deseo sexual. A medida que él envejece, la estimulación visual todavía funciona, pero una forma más provocativa, por ejemplo, al dejar que él la mire mientras usted se estimula o al estimularlo a él.

Dado que las necesidades sexuales cambiantes son un aspecto importante para mejorar la relación, tal vez un corto ejercicio puede ser útil. Complete las siguientes oraciones usted mismo.

1. En términos sexuales e íntimos, lo que quisiera de mi pareja es... (ejemplos: que tenga más iniciativa, que esté dispuesta a

ensayar nuevas cosas, que ayude más en las labores domésticas, que sea más afectuoso).

2. He hecho que sea difícil para él o para ella darme ésto porque... (ejemplos: no le he dejado saber lo importante qué es para mí, critico la ayuda que me brinda, reprimo afecto).

3. Facilitaría las cosas para él o para ella si... (ejemplos: le dejo saber lo importante qué es para mí con una carta de amor, le pido ayuda en ciertas labores hogareñas que son fáciles de hacer y luego muestro agradecimiento, soy afectuoso de las formas en que yo sé que a él/ella le gustan).

Una vez haya terminado este ejercicio, no hable de él y no comparta sus respuestas. En vez de eso, vaya al núcleo del asunto:

- Deje de hacer el número 2. ¡Comience a practicar el número 3!
- Demuestre agradecimiento. Observe cualquier forma del número 1, y cuando la identifique, reconózcala de forma afectuosa.

Las parejas felices se han dado cuenta de que el buen sexo es una gran forma de mejorar la relación sin hablar. En estos días de salud y cuidados preventivos y de expansión de los estilos de vida, no existe ningún problema sexual que no tenga solución. Cualquier hombre puede tener una erección; cualquier mujer puede lograr la satisfacción sexual y si trabajan como un equipo, las posibilidades son ilimitadas. El trabajo en equipo requiere una visión binocular, una forma de ver el sexo tanto desde la perspectiva de su compañero como desde la suya.

En el siguiente capítulo usted verá cómo la visión binocular le permitirá aprender la habilidad más reparadora en las relaciones, una que es absolutamente necesaria para ganar el amor más allá de las palabras.

Once

La única habilidad requerida para conectarse

lanzarse al charco

Una vez que usted haya reconocido cuáles son sus valores más profundos y se comprometa a considerar el punto de vista de su pareja como igual al suyo, está listo para aprender la mejor habilidad de conexión. Si hubiera algo como una panacea para lograr la conexión, sería sintonizarse emocionalmente con toda consciencia, lo que literalmente significa ponerse a tono con el estado emocional del otro. Lo llamamos "lanzarse al charco". En el capítulo 4 hablamos sobre el poder negativo de la sintonía emocional inconsciente y cómo probablemente usted ha desarrollado defensas contra ella cuando los sentimientos de su pareja son negativos. Quizá, si usted es una mujer, ha tratado de consolar al hombre de su vida de la manera en que consolaría a una mujer y seguramente ha sido rechazada: "Pareces molesto por tu trabajo, vamos a hablar de eso". O peor, puede que haya estado tan concentrada en sí misma que se negó a reconocer el terror de él a la vergüenza o el "derecho" que él tenía a sentirse como se sentía. O quizás usted se puso nerviosa: "Si él se queda sin trabajo, ¿qué vamos a hacer?". Si usted es un hombre, puede haber tratado de decirle a su pareja lo que debería hacer para sentirse mejor, solamente para que ella se enojara con usted. O peor aún, para que le dijera algo así: "Te lo mereces; debías haber sabido que te iba a pasar".

Una sintonía emocional sana requiere que usted maneje su propio miedo, pavor, insensibilidad y los juicios negativos que los acompañan. Si usted es una mujer, requiere sintonizarse con el pavor de los hombres a sentir vergüenza. Si hace esto, pasará algo mágico. Si usted se concentrará en el miedo de él a la vergüenza y no en su propio resentimiento, y su propio miedo bajará y se incrementará la posibilidad de la conexión. De la misma manera, los hombres deben sintonizarse con la ansiedad de sus parejas. Si ustedes los hombres se concentran en el miedo de ella y no en su propia necesidad de retraerse, disminuirá su incomodidad y se aumentará la posibilidad de conexión.

Es un charco, no es el océano

Algunas personas piensan que si se sintonizan y sienten la incomodad de su pareja, caerán en un océano de dolor del cual nunca podrán salir. La sintonía emocional es un mecanismo de supervivencia. No habría ventaja evolutiva ni Dios querría que nos ahogáramos en océanos de negatividad. Eso no le ayudaría a nadie a sobrevivir. **La sintonía emocional está diseñada para conectarlos a los dos en beneficio mutuo.**

Para entender qué es lanzarse al charco, solamente tiene que pensar en la primera parte de su relación antes de que se instalara el resentimiento. Cuando su pareja se sentía irritada, furiosa, deprimida, ansiosa, preocupada o tensa, usted no pasaba por alto esos sentimientos ni los tomaba personalmente, ni se hundía en las profundidades de la desesperación emocional ni la confusión. Usted le comunicaba que la quería y, seguramente, obtenía el mismo amor de su pareja cuando era usted quien estaba molesto. El interés de cada uno en el bienestar del otro es lo que los hacía sentir mejor. Pero, seguramente, nuestras lectoras no habrían expresado ese interés con algo como: "Ay, cariño, ¿qué te pasa?" o "Dime cómo te sientes" o "Tenemos que hablar". Y la reacción hubiera sido la misma de ahora: "No me pasa nada. Estoy bien" o "Estoy cansado, nada más". Lo habría dicho con más cortesía antes que ahora, pero igual la habría apartado si usted hubiera sido tan directa. Y, para entonces, ustedes los hombres no expresaban su interés o preocupación por los sentimientos de ella cambiando de tema, o haciéndose los que no se daban cuenta o gruñendo: "Siempre le está pasando algo".

Muy probablemente expresaban su interés en el bienestar de su pareja indirectamente, sin hablar de la relación, "lanzándose al charco". Pudieron haber hecho esto de muchas maneras: tocando sus manos, acariciando sus hombros, sintiendo compasión, dando apoyo, creyendo el uno en el otro, abrazándose, con flores en la mesa, con la música que al otro le gustaba, y (esta es la parte más importante) permitiéndose sentir lo que él o ella estaban sintiendo. Cuando hicieron eso, no se hundieron en un océano de desesperación sin fondo; probablemente encontraron que la negatividad era sólo un charco y pudieron salir de él juntos. He aquí un ejemplo.

Brad se sentía demasiado exhausto para expresarle a Krissy que había llegado del trabajo. Cuando ella lo encontró en el estudio, sentado en el sofá con las piernas abiertas, ella se sintió un poco ofendida de que él no la hubiera buscado para saludarla. Quería decirle lo importante que era "comunicarse apropiadamente", "ser corteses mutuamente", y etcétera. Afortunadamente ella sabía "lanzarse al charco" y vio una oportunidad para ponerlo en práctica. Se sentó junto a su marido cansado, con los hombros tocando los de él. Ajustó su respiración a la de él, sintió su cansancio. Después de tres minutos de silencio, empezó a masajearle la espalda lo que él permitió durante un rato antes de, para sorpresa de ella, comenzar a masajearle la espalda a ella.

"Realmente necesitaba eso", dijo él. "¿Cómo estuvo tu día?"

Así es; él le preguntó a ella cómo le había ido en el día. Ésa es la clase de cosa que pasa cuando están conectados.

La conclusión es: esté presente junto a los sentimientos de su pareja. No los haga a un lado, ni trate de "componerlos". Ni trate de hablar de eso ni de sacarlo/la de ahí a la fuerza. Muchas veces, lanzarse al charco con el hombre de su vida simplemente requiere reconocer de la molestia de él y respetar su espacio con silencio y apoyo. Y muchas veces, solamente se trata de un contacto visual con simpatía con la mujer de su vida para dejarle saber que usted la entiende. Sea cual sea la forma que elija para su relación, si usted le muestra a su pareja lo que es lanzarse al charco, muy probablemente obtendrá lo mismo de ella.

Por qué tiene que lanzarse al charco

Es comprensible que usted sea reacio a lanzarse al charco con su pareja; después de todo, nadie quiere tener sentimientos negativos ni siquiera por un rato. Pero hay tres razones convincentes por las que tiene que hacerlo. La primera es que forja una conexión más cercana: se logra construir mayor intimidad y confianza ayudándose el uno al otro con sentimientos negativos, que compartiendo solamente los positivos. Segundo, si no se conecta con su pareja cuando está triste o angustiada hace que para él o ella sea más difícil transformar las emociones negativas que si usted no estuviera ahí. No se puede cambiar hacia lo positivo cuando alguien que usted ama no lo tiene en cuenta, lo rechaza, o trata de controlarlo implicando que usted es incompetente. Este punto es muy importante también en la paternidad y maternidad. No les va a ayudar a sus hijas o hijos si les dice que no deberían sentirse de la manera en que se están sintiendo. Los ayudará si está presente en el sentimiento de ellos por unos momentos mientras ellos salen de eso por sus propios medios.

La tercera razón por la que lanzarse al charco es necesaria en relaciones íntimas, ¡es que usted prometió hacerlo! (Ustedes hicieron una promesa implícita el uno al otro de que siempre se preocuparían cuando el otro se sintiera mal). No hubieran formado un vínculo a menos que los dos creyeran que el otro los cuidaría cuando se sintieran mal. Cuando usted estaba forjando sus vínculos emocionales, no dijo: "Sólo me preocuparé por ti cuando me sea conveniente y cuando quiera hacerlo". Usted prometió entonces, a través de su comportamiento cariñoso, que se preocuparía cuando fuera necesario. Así que cuando uno de ustedes no lo hace, el otro se siente traicionado.

No trate de lanzarse al charco para seguir con sus propios motivos. No se debe sintonizar con el estado emocional de su pareja sólo para que él o ella oiga lo que usted tiene que decir; si lo intenta, parecerá artificial. Usted debe lanzarse plenamente al charco y olvidarse de sus motivos hasta que los dos hayan salido del charco. Al principio va a requerir mucha concentración pero se vuelve más fácil a medida que se acostumbra. Le van a encantar los resultados.

Lanzarse al charco con él

Cuando se lance al charco con un hombre, asegúrese de que no está tratando de hacerlo de la misma manera en que lo haría con una amiga. "Ay, cariño, ¿qué pasa?, hablemos" funcionará con una amiga; ella se sentirá mejor solamente por que usted está tratando de conectarse con ella. Pero un hombre a menudo necesita conexión y acción para sentirse mejor. Por ejemplo, Sherry llevó de vacaciones a Europa a su nieto, Derek. Una noche después de la cena en la habitación del hotel, ella lo oyó hablando con sus padres de alguna actividad divertida que la familia estaba haciendo en casa. Ella se dio cuenta de que él se sentía nostálgico y excluido.

"Oh, Derek, debes estar desilusionado por perderte eso. Sé que querías hacerlo. Debes sentirte muy mal".

"Abuela", gruñó él, "estás empeorando todo". La reacción inmediata de Sherry fue sentirse rechazada y dejada de lado por la fría reacción de su nieto a los intentos sinceros de ella para consolarlo. Entonces se dio cuenta de que lo estaba tratando como si fuera una niñita, a quien le hubiera gustado mucho hablar de eso. Abrazó a su nieto y le dijo que sí quería jugar a las cartas. A los pocos minutos de estar jugando, el se sintió mucho mejor.

En general, la fórmula para lanzarse al charco con un hombre es:

- Hacer un gesto físico que demuestre que usted está ahí con él.
- Estar dispuesta para hacer algo en lo que él es bueno. Esto reemplaza el sentimiento de fracaso con un sentido de aptitud y maestría.

Lanzarse al charco con ella

Más del 70 por ciento de los divorcios los solicitan mujeres que piensan que a sus maridos no les importa cómo se sienten. Eso es muy triste porque hemos conocido a muy pocos hombres que, a menos de que estuvieran furiosos en ese momento, realmente no les interesara gran cosa cómo se sentían sus esposas. De hecho, era la infelicidad de la esposa lo que los hacía sentir como fracasados y se retraían o se ponían furiosos primero. Estamos convencidos de que la mayoría de los hombres quiere demostrar que sí le importa; solamente necesitan la habilidad para hacerlo de una manera que no los haga sentir como mujeres. La habilidad es "lanzarse al charco", donde el "charco" es cualquier sentimiento negativo que ella esté experimentando en ese momento. No hablamos de sentimientos negativos superficiales que van a pasar en pocos minutos. Hablamos más de un ánimo afligido: cuando ella se siente nerviosa, estresada, molesta o deprimida, ella podría decir que se siente pésimo. Su instinto de protección puede impulsarlo a sacarla del charco tan pronto como se pueda, tirándole un salvavidas o tratando de sacarla a la fuerza; esto es, arreglar el problema o decirle cómo arreglarlo. Sin duda usted lo ha intentado muchas veces en el pasado y solamente ha recibido resentimiento de parte de ella, rabia o lo acusa de "no entender nada". La mayoría de los hombres comienzan a retraerse o a tratar de no darse cuenta del charco, lo cual exagera el miedo de aislamiento de su pareja. El golpe fatal para muchos matrimonios se da cuando la mujer pasa por un charco grande, como una enfermedad, un desorden emocional o una muerte en la familia y su hombre se retrae para que ella "no lo arrastre hacia abajo con su negatividad", como lo han dicho muchos de nuestros clientes varones. Ella se siente sola y aislada, a menudo como una madre soltera. Como resultado, ella termina la relación.

Es especialmente importante lanzarse al charco con ella durante crisis pequeñas. Esto no sólo la convencerá de que usted lo hará también en crisis graves sino que ayudará a prevenir la mayoría de estas crisis graves. He aquí un ejemplo. Becky se sentía muy mal cada vez que tenía que hablarle a su ex-marido sobre los niños. Él todavía tenía poder sobre ella cinco años después del divorcio. Kenny, su actual esposo, se ponía tan furioso con el ex por molestarla que ella dudaba en decirle cuando estaba consternada. Si él se enteraba, todo lo que haría sería decirle cómo debería reaccionar ella a esa actitud acosadora y negativa. "Debes decirle que lo vas a exigir y no aguantarte esta situación", decía Kenny, lo cual abrumaba de ansiedad a Becky. Finalmente él se pondría furioso porque ella no seguiría sus instrucciones y probablemente no se hablarían por el resto de la noche. En lugar de apoyarla en el estrés de lidiar con su ex, Kenny añadía más estrés. Pero después de trabajar con nosotros, Kenny tomó otra actitud. Sintiendo la angustia que Becky trataba de ocultarle, la abrazó y le dijo cuánto la admiraba por aguantarse las manipulaciones del ex-marido por el bien de las niñas. Becky se quejó un rato sobre las atrocidades que el ex le había dicho por teléfono, como insistir en que ella cambiara los pasajes de avión para el regreso de las niñas a casa, implicando que ella tendría que pagar la multa de la aerolínea. Se desahogó sobre lo irracional e injusto que era. En lugar de maldecir al ex-marido y decirle lo que ella debería pensar de él, como hubiera querido hacer, Kenny simplemente estuvo de acuerdo con ella. Sintió la ansiedad y la frustración de ella. Sintió el miedo de ella de que sus niñas se perjudicaran si las condiciones entre los padres se deterioraran más. Él señaló que las niñas eran muy afortunadas al tener una madre tan considerada. Becky se sintió mejor inmediatamente. Llamó a su ex y renegoció los pasajes de avión, por lo que Kenny la felicitó. Tuvieron una noche tranquila, y se sentían más cerca que nunca.

La conclusión es: **esté ahí con ella. No la haga a un lado; no lo "arregle", ni le diga qué debe hacer ni trate de sacarla de allí.** Si usted está ahí con ella durante un corto tiempo, los dos podrán salir del charco juntos.

Más allá de la supervivencia

En la parte I discutimos la ventaja para la supervivencia de la sintonía emocional, lo que da una inclinación natural hacia la estimulación negativa. Es más importante para sobrevivir ponerles atención a la furia y la agresión que a la esperanza y al aprecio, porque la furia y la agresión pueden señalar una amenaza para la vida. Esta inclinación natural explica por qué es más fácil recordar los momentos malos que los buenos. Aun así, aprender a sintonizarse con los buenos tiempos vale la pena, porque la sintonía con su pareja da las más bellas experiencias en las relaciones. La siguiente historia verdadera sobre Rosa y Kevin ilustra esto de una manera conmovedora.

Camille y Rosa habían sido amigas desde la secundaria. Juntas habían pasado por el matrimonio, el divorcio, volverse a casar, criar a los hijos, cambiar de puesto: de todo. El año en el que cumplieron cincuenta años se asociaron a la Red Hat Society* juntas. Cuando Camille murió, el mundo de Rosa se vino abajo. Su esposo, Kevin, entendió lo que significaba esa pérdida y estuvo ahí con amor día tras día en su duelo. Diez meses después de la muerte de Camille, muy cerca del día de Acción de Gracias**, la pérdida se sentía mayor porque Rosa y Camille siempre habían hecho tamales juntas para ese día. Cada año habían repetido la costumbre de ver fútbol en televisión y tener tamales en la cocina. Rosa luchaba con la decisión de hacer o no los tamales este año y finalmente decidió que los iba a hacer. Pero cuando se despertó el día de Acción de Gracias no creyó que fuera capaz. Se puso la bata y arrastró los pies hasta la cocina

---

* Red Hat Society (Sociedad de sombreros rojos). Es una organización social a la que asisten mujeres de más de cincuenta años y usan sombreros rojos y vestidos morados (n. de la t.).
** Thanksgiving Day. Día de Acción de Gracias. Feriado de Estados Unidos en el que las familias se reúnen a dar gracias en memoria de los peregrinos que llegaron de Inglaterra a Estados Unidos (nota de la t.).

para empezar a hacer los tamales sola. Pero tan pronto entró a la cocina se dio cuenta de que no estaba sola. Allí en el mostrador, donde Kevin los había puesto con cuidado, estaban todos los ingredientes de los tamales: harina de maíz, huevos, chiles, las hojas del maíz y su sombrero rojo.

Kevin se lanzó al charco con Rosa y le ayudó con un sencillo pero hermoso gesto de sintonía, amor y compasión.

¿Quién dijo que la conexión iba a ser siempre fácil?

He aquí una queja que nos dicen algunas mujeres en nuestros talleres: "Yo quería hablarle a él de algo que era importante para mí. Él alzó los ojos al cielo y se sentó en la mesa de la cocina, como si yo le fuera a decir que tenía que pintar de nuevo todas las líneas blancas de la calle. '¿Me vas a oír o no?', le pregunté. '¿Acaso puedo evitarlo?', contestó con disgusto en la voz. 'Sí, puedes evitarlo', le dije. Y él inmediatamente se levantó y salió. ¿Cómo voy a sentir que estoy conectada con él?"

Primero que todo, si ella se hubiera sentido conectada con él antes de hablarle, probablemente hubiera sonado menos como si le estuviera pidiendo que repintara las líneas blancas de la calle. Recuerde, la dinámica miedo-vergüenza es una señal de desconexión. Antes de hablar, hay que conectarse. Esto es tan importante que vale la pena hacer un experimento. Durante cinco minutos antes de hablar con su pareja sobre algo, no piense en lo que usted quiere decir. Por otra parte, imagínese que se siente más cerca de él. Piense en las veces en que se sintieron cercanos en el pasado. Piense en las veces en que miraron los atardeceres juntos, atendieron a los niños juntos, fueron a la iglesia o al cine juntos, aspiraron el aroma de una flor juntos o hicieron el amor. Piense en cómo quisiera estar cerca de él si viniera un meteoro y el mundo se fuera a acabar en dos horas. Piense en cuando usted le creía y estaba orgullosa de él.

Después de cinco minutos de esto, está lista para hablar con él. Comience por tocarlo, todavía sin pensar en lo que le quiere decir.

Sienta la importancia de él para usted y lo que usted lo valora cuando lo toque. Y después empiece a charlar con él de una manera que no lo haga sentir culpable ni acusado.

No diga: "Necesito que no tires la toalla al suelo después de bañarte".

Diga algo así: "Mi amor, me encanta cuando veo que has colgado tu toalla porque sé que lo hiciste por mí". Si esto no le suena muy realista, ensáyelo. El aprecio puede ser un afrodisíaco muy poderoso.

Para tener charlas satisfactorias con su hombre, tiene que recordar que las emociones son más incómodas físicamente para él dado un mayor nivel de activación y de flujo sanguíneo a los músculos. Déjelo juguetear con algo o hacer algo con las manos, o mejor aún, vayan a dar un paseo y a hablar. Esto será diferente de lo que hace con sus amigas, pero se va a sentir bien.

Recuerde también que si dice algo como: "Me siento aislada, como si mis necesidades no fueran satisfechas y tú no me tienes en cuenta, sólo me quieres para el sexo, etcétera". Lo que él oye es: "La forma como me amas no es suficientemente buena", y se pone a la defensiva, furioso o agresivo y se cierra. Usted tiene muchas mejores posibilidades de conectarse (reducir su ansiedad y calmar su vergüenza) si activa el instinto de protección de él y expone su propia vergüenza. Algo como: "A veces me siento fracasada. La gente no me respeta y no soy todo lo que podría ser como amante".

Seguramente la respuesta de él será protectora y tranquilizadora. Él tratará de conectarse con usted. En otras palabras, se conectará con su vergüenza, y luego usted podrá exponer su ansiedad.

Muy bien, usted ha ensayado todo lo anterior y él todavía sale enfadado de la habitación diciendo: "¡Déjame en paz!". Sí, incluso así usted puede sentirse conectada con él, a pesar de sentirse resentida y furiosa. Usted todavía puede sentir que él es importante para usted y que esos sentimientos negativos van a pasar. Siempre pregúntese a sí misma qué es más importante para usted, ¿la toalla en el piso (o lo que sea que la haga sentirse resentida) o sentirse conectada? ¿Cómo va a lograr que él cuelgue la toalla, con resentimiento y amargura o con conexión? ¿Es más importante sobre usted como persona que la toalla se cuelgue o amar a su familia? Pregúntese: "¿Cómo puedo ayudarlo con su vergüenza?"

- Crea en él, vea sus puntos buenos, como hizo cuando se enamoró de él al principio.
- Ayúdelo a ser un buen amante. Dígale cuánto le gusta y qué la causa placer específicamente.
- Ayúdelo a hacerla feliz. El macho furioso, controlador o encerrado en sí mismo está tratando de evitar sentirse un fracasado porque no ha podido hacerla feliz. Dígale que usted es infeliz y que corre el riesgo de perderlo. Concéntrese en cómo la hace feliz y él se comportará más así.
- Acepte que él también se preocupa inmensamente por los intereses de sus hijos cuando usted no esté de acuerdo con su estilo de paternidad y después negocie respetuosamente los asuntos específicos de la paternidad.
- Hágale saber qué hace él que la hace sentir segura.
- Hágale saber qué aprecia el trabajo de él.
- Respételo.
- Reciba sus intentos de reparación. Si a su hombre lo obligaban a pedir perdón cuando era un niño, y esto les pasa a casi todos, si pide perdón el sentirá más sumisión que reconciliación; para él será difícil pedir perdón como lo hacen sus amigas. Es más probable que trate de reparar el daño con un comportamiento, tratando de que vuelva la conexión rutinaria, haciendo algo por usted, haciendo algo con usted, tocándola o besándola. Pueden no ser elocuentes pero son gestos sinceros de amor hacia usted y un símbolo de la importancia suya para él.

He aquí una queja que oímos de algunos hombres en nuestros talleres: "Hago todo lo que quiere. Pero cualquier sentimiento negativo que ella tiene es culpa mía. Nadie puede complacerla". ¿A cuántos hombres ha oído decir algo así? De hecho, no es tan difícil complacerla si pone atención a las señales de ansiedad, las cuales usted sabe que ella está mostrando: su propio nivel de incomodidad se lo dice.

- Respétela.
- Escúchela.
- Exprese su confianza en ella.
- Ayúdela todo lo que pueda.
- Tóquela más, pero haga ocho caricias afectuosas, no sexuales, por una sexual.
- Respete sus vínculos con su familia y amigos.
- Pida perdón si no hace alguno de los anteriores.
- Reciba sus intentos de reparación si ella lo ha ofendido.
- Sobre todo, láncese al charco con ella.

"Lanzarse al charco" los reconectará cuando su pareja esté angustiada o deprimida. El capítulo siguiente ofrece la manera más fácil de mantener la conexión diaria, sin hablar del tema.

Doce

Si quiere conexión olvídese de los "sentimientos" y piense en la motivación

La habilidad para lanzarse al charco con su pareja reestablecerá la conexión cuando alguno de los dos se sienta deprimido o angustiado. Afortunadamente mantener la conexión es mucho más fácil si se hace rutinariamente. El truco es que todos los sentimientos se reducen a tres funciones: acercarse, evitar o atacar. Entre más ejerza usted la función de acercarse estará más contento y su relación será más satisfactoria.

La parte más importante de sus emociones no es lo que estas le hacen sentir sino lo que le hacen hacer. La función primordial de las emociones es prepararnos para la acción. La raíz de la palabra emoción no es "sentir" sino "mover". Los griegos antiguos describieron cómo las emociones "movían el comportamiento". En tiempos modernos decimos que motivan el comportamiento. Las emociones mandan señales biológicas de acción a nuestros músculos y órganos para prepararnos para hacer algo. El modo cómo nos sentimos cuando sentimos una emoción es la manera que tiene el cuerpo para llamar nuestra atención y hacernos actuar. Casi siempre nos damos cuenta de los sentimientos negativos cuando no hacemos lo que nos preparan para hacer: ahí es cuando nos sentimos mal. El dolor en el pie hace que usted suelte los cordones de sus zapatos; el dolor en el corazón le dice que sea leal a las cosas más importantes sobre usted.

Es mucho más fácil, especialmente para un hombre, identificar y cambiar las motivaciones que entender los sentimientos. Recuerde que los diálogos sobre "sentimientos" no son la lengua nativa de un hombre. Probablemente los dos se frustrarán si tratan de hablar sobre temas emocionales, en parte porque hay docenas de variaciones de los sentimientos, influenciados por cosas como el metabolismo, el temperamento, la salud, el descanso, las hormonas, el hambre, el ejercicio y la medicación, así como la temperatura, la estación o la hora del día. Y como si esto no fuera suficientemente complejo, las muchas variaciones de los sentimientos se asocian con miles de experiencias diferentes en el curso de una vida. Por ejemplo, usted puede haber asociado sentir vergüenza con las cejas levantadas de su madre, con su padre que lo llamaba "un dolor de cabeza", o con un profesor que lo hiciera sentir tonto. Cualquiera de estas experiencias, o cualquier cosa que se les parezca, pueden disparar "sentimientos" confusos en la circunstancia "inapropiada". En contraste, la motivación es mucho más fácil de entender para un hombre, o una mujer. Hay sólo tres motivaciones básicas y cada una permanece consistentemente asociada con su categoría separada, pero muy amplia, de comportamientos a través de la vida.

Acercarse

Evitar

Atacar

Acercarse significa ir hacia algo o alguien con energía positiva. En la función de acercarse usted quiere más de algo, experimentar más, descubrir más, aprender más, o apreciar más. Usted está en función de acercarse cuando mira un atardecer, trata de resolver un problema, o se interesa en algo (cuando decimos que nos podemos acercar a alguien, queremos decir que se puede sostener una conversación con él, que está abierto a nueva información y nuevas ideas, que es amigable, interesado y ameno). Pregúntese usted mismo: "¿Cómo me siento cuando mi pareja se me acerca con interés y deseo de aprender más sobre mí o preocupación por mí?" Después pregúntese: "¿Quiero que mi pareja se sienta así o quiero que se ponga a la defensiva?"

Evitar significa no invertir energía. En la función de evitar usted quiere apartarse de algo o colocarlo lejos de usted. Está en función de evitar cuando se distrae de un problema o trata de "adormecerse" al frente del televisor. La mayor parte del tiempo, evitar es inconsciente; sencillamente se interesa en algo más o quiere relajarse y no interesarse en nada. Pero algunas veces es un intento a propósito para dejar por fuera a otra persona. Sea a propósito o no, si su pareja lo evita tendrá un efecto negativo sobre la relación, si usted lo percibe como que el otro trata de dejarlo por fuera. (Nota: su pareja va a poder reconocer más fácilmente que puede estar evitándolo inadvertidamente, más que reconocer que está siendo indiferente, frío, distante, lo rechaza, o se porta con desconsideración).

Atacar significa dirigir la energía negativa contra alguien. En función de ataque usted quiere desvalorizar, perjudicar, incapacitar, o destruir. La función de ataque también puede incluir la coerción o la manipulación. Cuando usted está en función de atacar tiene el impulso, inconsciente o no, de "darle una lección" al otro; ponerlo "en su lugar"; o mostrarle que usted es superior en sabiduría, destreza, talento, tamaño, fuerza, resistencia, sensibilidad, creatividad, originalidad. La función de ataque baja el valor de los otros al menospreciar sus perspectivas o minar su confianza. Es importante notar que usted puede estar en función de atacar incluso cuando usa una voz suave y considerada y lo que quiere es cualquiera de los anteriores. De hecho, no tiene que decir nada: puede ser solamente una actitud. He aquí algunos ejemplos.

Mujeres, imaginen que su pareja acaba de llegar a casa del trabajo y está sentado en su sillón favorito leyendo el periódico. Usted le quiere hablar pero él está concentrado en la lectura.

- En función de *acercarse* usted simplemente mantiene una actitud positiva y hace algo más hasta que él ha terminado de leer el periódico. O puede sentarse cerca de él y gozar del silencio juntos y dejar que él comparta con usted cualquier artículo que le interese. Incluso puede tomar las secciones que él no está leyendo y gozar de la lectura juntos.
- En función de *ataque* usted puede decir (con voz suave): "Vamos a hacer unas diligencias". Aun cuando esto suena positivo, el mensaje subyacente es que las necesidades de él son menos importantes que las suyas, y además usted ha interrumpido la rutina de él, sabiendo lo importante que eso es para él. Otras funciones de ataque pueden incluir la crítica ("¿Cómo puedes sentarte ahí y leer el periódico cuando hay tantas cosas por hacer?") Lanzar juicios (andar de mal genio por ahí, con pensamientos negativos). La lista es infinita.
- En función de *evitar* usted puede dejarlo ahí sentado leyendo el periódico mientras va hacia la casa de los pájaros para ver si hay nuevos pajaritos, sabiendo que esto es algo que a él le gusta hacer con usted. De esta manera usted deliberadamente lo deja por fuera y lo excluye de un comportamiento que conecta.

Hombres, imaginen que su pareja se queja de que ustedes no la escuchan.

- En función de *acercarse* usted podría decir: "Tienes razón. Me distraigo o me canso. Necesito escucharte más". (Probablemente usted cree esto pero le da miedo decírselo porque entonces tendría que escucharla toda la noche. Pero casi no funciona así. Ella quiere hablar para estar conectada. Una vez que están conectados, su deseo de hablar disminuirá y ella hablará menos.)
- En función de *ataque* usted puede decir (con voz suave): "Te escuché anoche. Esta noche tengo que pagar las cuentas". Esto puede sonar razonable pero está implicando que no vale la

pena escucharla y eso es ciertamente lo que ella va a oír.
- En función de *evitar* usted puede pretender que no la oye y trata de distraerse con los niños o el televisor.

Como regla general, acercarse reduce el miedo y la vergüenza. Evitar y atacar aumentan el miedo y la vergüenza.

Aparte del hecho de que es más fácil reconocer y cambiar las motivaciones que entender los sentimientos, hay otra razón importante para concentrarse en la motivación. Desde la niñez temprana somos extremadamente precisos para saber si la gente está en función de acercarse, evitar, o atacar, pero casi nunca somos precisos para interpretar sus pensamientos y sentimientos. Sabemos que están pensando y sintiendo algo, pero casi nunca tenemos razón sobre lo que piensan y sienten. En contraste sabemos muy bien que se están acercando, evitando o atacando. La información sobre la motivación de otras personas se procesa primero en la amígdala, el órgano del cerebro que concilia la emoción básica, antes de que sea procesada en el neocórtex, donde se originan el pensamiento y el lenguaje. La amígdala es una estructura primitiva del cerebro que es común a todos los mamíferos y está completamente desarrollada a los tres años. Es por esto que los niños muy pequeños pueden ser muy precisos para interpretar si se trata de acercarse, evitar, atacar, y es por eso que incluso el perro y gato lo pueden hacer sin hablar de ello.

Por qué las metas y las intenciones en realidad no sirven

La motivación difiere de las metas y las intenciones de maneras importantes. Usted puede tener la meta de que su pareja entienda la situación financiera de la familia y la intención de persuadirlo/la de cooperar con un determinado presupuesto. Pero si usted no está en función de acercarse, va a pasar por alto o hacer a un lado el punto de vista de su pareja; no se le va a ocurrir ponerle atención porque está muy ocupado tratando de explicar su punto de vista. Al sentirse poco apreciada, su pareja se pondrá a la defensiva y no la va a escuchar. Entonces es probable que usted trate de minar, hacer caso omiso, o desvalorizar la perspectiva de su pareja, implicando que cualquier persona inteligente y competente vería las cosas como usted. Solamente en función de acercarse usted tiene alguna posibilidad de cumplir sus metas o intenciones.

Su pareja responde casi exclusivamente a sus motivaciones y casi nunca a sus metas ni intenciones. Cuando reaccionan a su función de evitar o atacar, su pareja, sus hijos, y la gente en general no va a darse cuenta de sus metas e intenciones ni tampoco les van a importar. Las personas reaccionan al tono emocional de su motivación; lo que sienten sobre lo que están recibiendo. Evitar y atacar son sentimientos que desvalorizan. Es por esto que sus intentos de clarificar sus metas e intenciones siempre van a fallar, a menos de que cambie su motivación a acercarse, a querer entender y apreciar la perspectiva de la pareja más que influenciarla, controlarla o manipularla.

Conversación y motivación

Por regla general, hablar con una mujer la coloca en función de acercarse. Pero cuando una mujer empieza a hablarle a un hombre, él fácilmente se desliza hacia la función de evitar, incluso si no estaba en esa función cuando ella empezó. Primero, hay un cambio brusco, el cual, como lo vimos en la Parte 1, lo inunda con cortisol. Encima de eso, él recuerda el terror masculino al fracaso porque espera oírla decir que algo que él hace está mal. Esta regla general de motivación masculina-femenina significa que usted debe tener comprensión y aprecio por el punto de vista de su pareja. Afortunadamente las funciones de acercarse que incluyen intentos de entender y apreciar son tan contagiosas para nuestras parejas como las funciones de evitar y atacar. En otras palabras, si usted está interesado en su pareja, él o ella probablemente se interese por usted. Pero si usted desprecia, evita, desvaloriza, ¿cuál cree usted que será la reacción?

He aquí la gran recompensa por concentrarse en sus motivaciones: no tiene que preocuparse por entender los complejos sentimientos que usted pueda tener. Todo lo que necesita hacer es preguntarse lo siguiente:

"¿Mis acciones nos están llevando hacia la conexión o nos están apartando de ella?"

"¿Este comportamiento es consistente con mis valores esenciales (las cosas que son más importantes para mí y sobre mí como persona y como pareja)?"

"¿Mi motivación es de acercarse, de evitar o de atacar?"

Asegúrese de que él esté accesible

Entender las motivaciones aclara una queja común que oímos de las mujeres: "yo hablo, pero él no me escucha". Nuestra experiencia revela una pequeña diferencia. ¡Usted le habla cuando él no está escuchando! Conclusión: **no le hable a un hombre como le habla a una mujer.** Antes de suponer que él está poniendo atención, tómese su tiempo para asegurarse de que él esté en función de acercarse.

Hablar coloca a una mujer en función de acercarse porque las mujeres forman vínculos hablando. Más aún, hablar no interrumpe a una mujer si ella está haciendo alguna otra actividad. Ella puede escuchar aunque esté dedicada a otra cosa, porque el cerebro de ella está diseñado para hacer múltiples tareas. Ella puede continuar con las tareas y seguir la conversación al mismo tiempo. Los hombres son diferentes. Su cerebro está diseñado para concentrarse en una cosa a la vez, y se les enseña socialmente muchas maneras de tomar ventaja de esta concentración. Cuando usted empieza a hablarle a un hombre, él tiene que elegir entre completar lo que está haciendo y hablar con usted. Si está muy absorto puede que ni siquiera la escuche, especialmente si usted está hablando de una manera no muy suave. Si usted está ansiosa o molesta, la alarma de activación de él se va a disparar y desplazará su concentración. Pero recuerde, un cambio abrupto en su nivel de miedo puede activar los instintos defensivos de él: todo lo que usted obtendrá será rabia o irritabilidad. Es mejor respetar el espacio de él y asegurarse de que está en función de acercarse antes de que usted inicie cualquier conversación significativa.

Asegúrese de que ella está accesible

Muchos hombres con los que hemos trabajado se dan por vencidos fácilmente cuando tratan de conectarse con sus esposas. Las mujeres son muy buenas para hacer múltiples tareas, lo que significa que casi siempre tienen muchas cosas que hacer al mismo tiempo. Usted puede tratar de hablar con ella cuando esté cocinando, cuidando a los niños, pensando en la ropa sucia, el proyecto del trabajo, y la próxima reunión con la profesora de matemáticas de su hijo. El mejor modo de aproximarse cuando ella está pendiente de tantas cosas al tiempo es ofrecerle ayuda.

Haga este ejercicio para comprobar su motivación. Piense en un momento específico en que usted se dio cuenta de que ella no estaba accesible y haga un círculo alrededor de las palabras en itálicas que sean pertinentes.

1. ¿Trató usted de *entender* el punto de vista de ella, *lo hizo a un lado*, *lo desvalorizó* (criticarlo)? (¿Cuál era el punto de vista de ella?)
2. ¿*Respetó* usted su opinión, *la pasó por alto*, o *la desvalorizó*?
3. ¿Trató usted de persuadirla *aumentando* su confianza o *disminuyéndola*? (Por ejemplo, si usted quisiera hablar sobre las cuentas por pagar, usted le diría que tiene problemas con el

presupuesto y le pediría ayuda para intentar arreglarlo. Esto aumentaría la confianza de ella para encontrar una solución y la volvería más accesible. Por otra parte, implicar que cualquier idiota lo vería de la manera que usted lo hace tendría el efecto contrario).

Lista de motivaciones hacia su pareja

Piense en un fin de semana normal y marque las dos palabras que lo describen a usted más a menudo en cada una de las tres categorías de motivaciones:

ACERCARSE	EVITAR	ATACAR
Conectar ☐	Pasar por alto ☐	Criticar ☐
Proteger ☐	Manipular ☐	Juzgar ☐
Cuidar ☐	Controlar ☐	Desvalorizar ☐
Apoyar ☐	Retraerse ☐	Rechazar ☐
Apreciar ☐	Despreciar ☐	Exigir ☐
Entender ☐	No hacer caso ☐	Ejercer presión ☐
Influir/guiar ☐	No tener en cuenta ☐	Dominar ☐
Negociar/cooperar ☐	Negar ☐	Amenazar ☐
Pedir cambio de comportamiento ☐	Distraer ☐	Cometer un abuso (verbal o físico) ☐
Interesar ☐	Enfadarse ☐	Castigar ☐
Ayudar/dar apoyo ☐		
Colaborar/cooperar ☐		

Ahora escriba lo que usted piensa que su pareja percibe como sus motivaciones. En otras palabras, si usted piensa que está brindando apoyo o se está comprometiendo, ¿él piensa que usted está ejerciendo presión o ella piensa que usted está controlando?

ACERCARSE	EVITAR	ATACAR
Mis motivaciones	Mis motivaciones	Mis motivaciones
Cómo las percibe él o ella:	Cómo las percibe él o ella:	Cómo las percibe él o ella:

Para ser más específico respecto a sus motivaciones, lo invitamos a mirar aspectos particulares de su relación que requieran su energía y atención. Complete la siguiente encuesta para saber qué tan accesible es usted.

¿Qué tan accesible es usted?

En las relaciones, la conexión ocurre cuando los dos son accesibles (en función de acercarse). Utilice la escala de abajo para describir su nivel de motivación en los últimos seis meses con respecto a cada área de la lista.

FUNCIÓN DE ACERCARSE	FUNCIÓN DE EVITAR O ATACAR
7 6 5	4 3 2 1 0
7 a 5	*Acercarse* significa abierto, accesible, disponible, colaborador, interesado.
4 a 0	*Evitar* significa no querer participar, estar desinteresado, cerrado, y no colaborar.
4 a 0	*Atacar* significa ponerse furioso, ponerse a la defensiva, criticar, disminuir, resentir.

Entre más bajo sea el número, usted está más a la defensiva y es menos colaborador. Si eligió un 4 o más abajo, haga un círculo alrededor de la función que usa, evitar o atacar. Si usa ambas, haga un círculo alrededor de las dos (si usted rechaza los avances sexuales de su pareja o no tiene en cuenta las necesidades de él o ella, bajo la categoría "Ser una buena pareja sexual" tendría que poner un círculo alrededor de 4 o más abajo, dependiendo de por cuánto tiempo lo ha rechazado o cuánta rabia e insensibilidad ha habido en su reacción).

Haga un círculo alrededor del número que representa su comportamiento respecto a las siguientes actividades:

1. Hacer presupuestos y gastar

FUNCIÓN DE ACERCARSE			FUNCIÓN DE EVITAR O ATACAR				
7	6	5	4	3	2	1	0

2. Participar con equidad en las tareas domésticas

FUNCIÓN DE ACERCARSE			FUNCIÓN DE EVITAR O ATACAR				
7	6	5	4	3	2	1	0

3. Dar y recibir afecto no sexual

FUNCIÓN DE ACERCARSE			FUNCIÓN DE EVITAR O ATACAR				
7	6	5	4	3	2	1	0

4. Mostrar un interés continuo por mi pareja

FUNCIÓN DE ACERCARSE			FUNCIÓN DE EVITAR O ATACAR				
7	6	5	4	3	2	1	0

5. Ser una buena pareja sexual

FUNCIÓN DE ACERCARSE			FUNCIÓN DE EVITAR O ATACAR				
7	6	5	4	3	2	1	0

6. Hacer que las necesidades de mi pareja sean una prioridad

FUNCIÓN DE ACERCARSE			FUNCIÓN DE EVITAR O ATACAR				
7	6	5	4	3	2	1	0

7. Ser romántico

FUNCIÓN DE ACERCARSE			FUNCIÓN DE EVITAR O ATACAR				
7	6	5	4	3	2	1	0

8. Estar interesado en los intereses, pasatiempos y trabajo de mi pareja

FUNCIÓN DE ACERCARSE			FUNCIÓN DE EVITAR O ATACAR				
7	6	5	4	3	2	1	0

9. Crear un ambiente emocionalmente seguro en nuestra relación

FUNCIÓN DE ACERCARSE			FUNCIÓN DE EVITAR O ATACAR				
7	6	5	4	3	2	1	0

10. Controlar mis pensamientos y mis sentimientos negativos

FUNCIÓN DE ACERCARSE			FUNCIÓN DE EVITAR O ATACAR				
7	6	5	4	3	2	1	0

11. Ser fiel y digno de confianza

FUNCIÓN DE ACERCARSE			FUNCIÓN DE EVITAR O ATACAR				
7	6	5	4	3	2	1	0

12. Ser un buen amigo de mi pareja

FUNCIÓN DE ACERCARSE			FUNCIÓN DE EVITAR O ATACAR			
7	6	5	4	3	2	1	0

13. Hacer que vivir conmigo sea placentero

FUNCIÓN DE ACERCARSE			FUNCIÓN DE EVITAR O ATACAR			
7	6	5	4	3	2	1	0

14. Ser un miembro de familia activo y que brinda apoyo

FUNCIÓN DE ACERCARSE			FUNCIÓN DE EVITAR O ATACAR			
7	6	5	4	3	2	1	0

15. Hacer que la comunicación sea fácil

FUNCIÓN DE ACERCARSE			FUNCIÓN DE EVITAR O ATACAR			
7	6	5	4	3	2	1	0

Hay varias maneras para interpretar su puntaje en esta encuesta. Una sola mirada a los números que usted marcó le dirá si es o no accesible. Sin embargo, puede mirar las áreas individuales para empezar a cambiar su motivación de evitar y atacar por una motivación acercarse. Su relación mejorará sin hablar de ello.

El cambio viene desde sus valores esenciales

La pregunta es: ¿Cómo adopta la función de acercarse cuando tiene sentimientos negativos sobre su pareja? Desde sus valores esenciales. Usted elige aproximarse cuando decide qué es lo más importante para usted: no tener en cuenta o desvalorizar a su pareja por una parte, o mejorar, apreciar, conectar y proteger por la otra. Recuerde, sus malos sentimientos vienen del grado de desconexión que usted experimente. En sus valores esenciales, su compasión instintiva hacia el adulto más importante de su vida saldrá a flote y lo llevará a la conexión más cercana que los dos quieren.

Steven escribió el siguiente capítulo específicamente para los hombres, para ayudarlos a apreciar el enorme poder que tienen para crear la relación amorosa que quieren. ¡Y lo mejor de todo es que no tienen que volverse mujeres!

Trece

De hombre a hombre

Cómo fortalecer su relación
sin convertirse en una mujer

Este capítulo fue escrito por Steven para los hombres.

Una de las experiencias más felices de mi vida como terapeuta ocurrió cuando comprendí que los hombres con los que trabajaba podían utilizar lo que creían que era lo más importante sobre ellos (su profundo deseo de proteger a sus seres amados) para mejorar sus relaciones y hacer felices a sus esposas; esto sin tener que hablar de ello ni sentir que tenían que ser más parecidos a una mujer. La clave está en la forma de ser propia del hombre: proteger y conectar.

La protección de los seres amados es un instinto de supervivencia. Es muy importante para la continuidad de la especie humana que la función primaria de la ira y la agresión no sea la autoprotección como se puede creer. La ira y la agresión se desarrollan en los seres humanos principalmente para la protección de los seres amados. Si no lo cree, imagine qué podría volverlo más furioso y agresivo: que yo lo atacara a usted o a su esposa e hijos. La protección instintiva de los seres amados se antepone a la autoprotección; ella puede conducirlo a arriesgar la vida para proteger a los seres amados. Usted no se pararía frente a una bala para proteger a su esposa e hijo si lo pensara; lo haría bajo el instinto de proteger sin pensar en ello.

Lo mismo se presenta entre los machos de otras especies sociales. Los machos no están en la manada sólo por reproducción; la donación de esperma por sí misma no requiere una inversión emocional en el bienestar del grupo. En la organización social, el principal propósito de los machos es proteger al grupo de la amenaza de los depredadores. Ésta es la razón por la cual los machos de numerosas especies de mamíferos tienen una mayor masa muscular, un flujo sanguíneo más eficaz hacia músculos y órganos, colmillos y garras más grandes, reflejos más rápidos, una mayor actividad eléctrica en el sistema nervioso central y amígdalas más gruesas; éste es el órgano que activa las reacciones de emergencia en el sistema límbico. Incluso en especies en las cuales las hembras son las cazadoras principales, como los leones, los machos asumen el papel de protectores del grupo. Entre todos los animales sociales, los machos conforman un perímetro para rechazar los ataques de otros animales, mientras las hembras reúnen a los pequeños y tratan de ocultarlos en un círculo de protección.

Aunque el instinto de proteger parece estar grabado en los genes de los mamíferos sociales, es más fuerte entre los humanos. Me gustaría pensar que esto se debe a nuestro sentido de la moralidad, pero es más probable que se deba a que nuestros jóvenes son indefensos y vulnerables durante mucho más tiempo. Animales con lazos sociales más débiles se ponen en pie y caminan a los diez minutos de nacidos. A medida que se asciende en la cadena alimenticia, los jóvenes son más indefensos en períodos progresivamente más extensos, y por tanto necesitan lazos emocionales de unión más fuertes con sus madres o con sus padres. Cuando se llega a los humanos…bueno, en estos tiempos nuestros jóvenes son dependientes hasta que tienen como treinta y cinco años.

La importancia de la supervivencia del instinto de protección confiere dominancia al sentido masculino del valor propio. Sentimos automáticamente una pérdida del valor propio cuando fallamos en la protección de los seres amados, sin importar lo exitosos que seamos en otras áreas de la vida (imagine el destino emocional de un director ejecutivo de talla internacional que suelta la mano de su hijo en el tráfico). No obstante, su valor propio estará intacto, incluso si falla en su trabajo, siempre y cuando proteja a los seres amados. Las investigaciones muestran que ser despedido es tolerable para quienes están más sintonizados con la protección de sus familias que con sus egos. Estos hombres inmediatamente tratan de conseguir otro trabajo como una forma de llevar comida a la mesa, mientras que quienes toman un fracaso en el trabajo como un asalto a sus egos, vivirán semanas de desesperación o depresión antes de alcanzar la fuerza de ánimo necesaria para salir de nuevo a buscar trabajo.

Proteger y conectar

La forma de relación de la mayoría de los hombres es proteger y conectar. Probablemente se siente emocionalmente conectado con su pareja si experimenta que la protege con éxito. Si no siente que la protege adecuadamente, por cualquier razón que sea, probablemente sentirá incomodidad, si es que no llega a sentirse indigno, con la conexión emocional hacia ella. Posiblemente se molestará o se retirará cuando ella pida más intimidad.

Cuidado con sentirse indigno de la conexión. Los hombres que se sienten indignos de la conexión, con frecuencia son peores que los malos maridos y padres. Desde hace mucho tiempo, la ciencia sabe que la conexión emocional inhibe la violencia y que la desconexión es causa de violencia. Por lo general, los criminales violentos carecen de lo que los sociólogos llaman participación en la comunidad: un trabajo, conexiones positivas con los vecinos, filiación religiosa, y relaciones íntimas y parentales satisfactorias. Los asesinos en serie y los terroristas nunca tienen relaciones estrechas con sus hijos. Históricamente, los ejércitos buscan soldados antes de que tengan hijos, y cuando ya los tienen, los aíslan de ellos. Entre otros animales sociales, los machos conectados con la manada son más cooperativos y cumplen el papel de protectores significativos, mientras que quienes andan por su cuenta se convierten en depredadores aislados, y a menudo liquidan sigilosamente a los miembros más débiles de la manada.

El punto más alto en los registros de violencia doméstica, desde la década de 1960 en Estados Unidos, corre paralelo al descenso de la paternidad. Cuando los padres son marginados como protectores de sus familias, se vuelven más propensos a luchar por ejercer el poder y el control sobre sus esposas o novias. Así compensan la pérdida de la posibilidad de proteger mediante el ejercicio de la dominación. Mi experiencia con miles de procesados, culpables de violencia doméstica, me muestra que cuando los padres están más comprometidos con las vidas de sus hijos, se inclinan menos a lastimar a cualquier mujer. Cuando todavía estábamos desarrollando nuestras intervenciones en casos de violencia doméstica hace cerca de dieciséis años, conformamos un grupo de dieciséis hombres jóvenes (con edades promedio de veintidós años) en el condado de Prince Georges, Maryland. Todos estos hombres jóvenes tenían al menos dos hijos de relaciones anteriores, y fueron obligados por la corte a seguir un tratamiento para superar el problema del abuso sobre sus actuales parejas (en ese entonces, sólo existía una agencia que ofrecía servicios para el problema de la violencia doméstica, y existía una lista muy larga de casos). Como era tan frecuente en el caso de los padres jóvenes no casados, ninguno de estos hombres tenía una relación con sus hijos o las madres de sus hijos. Les dimos un curso breve llamado "Padres buenos y compasivos", que buscaba despertar la consciencia sobre los mundos emocionales de sus hijos, y en particular la necesidad de tener padres que los cuidaran. Los que se comprometieron más con las vidas de sus hijos, erradicaron completamente el abuso hacia sus compañeras sin necesidad de una intervención directa sobre la violencia doméstica. La tasa normal de reincidencia, entre los hombres no casados de este grupo de edad, estaba por encima del 60% después de las intervenciones en violencia doméstica. En nuestro grupo, esa tasa fue de 0.

La fórmula del fracaso en la protección: instinto de protección + miedo al fracaso = control

Las investigaciones muestran que cuando las mujeres expresan emociones de vulnerabilidad (y generalmente lo hacen en forma de quejas) los hombres intentan explicarles qué hacer para resolver el problema. Cuando sus parejas responden negativamente al sentirse controladas, como casi siempre lo hacen, los hombres que comenzaron a tratar de ayudar se molestan y se lavan las manos respecto a "todo el lío" con un: "¡Haz lo que quieras y déjame en paz!" Se sienten rechazados y frustrados como sus parejas, quienes interpretan su conducta como: ¡O se hace a mi manera, o me voy!

La mayoría de los hombres que reaccionan en esta forma frente a los reclamos de cercanía de su pareja, incluso cuando esos reclamos suenan como quejas, molestias o acusaciones, no pretenden controlarlas o rechazarlas por no seguir la "alta sabiduría de los consejos masculinos". Estos pobres tipos, incluido yo, sólo tratan de evitar el pánico del fracaso en la protección.

La tragedia consiste en esto: al entregarse al resentimiento, a la rabia o al retraimiento, nos privamos a nosotros mismos de lo más importante, que es nuestro deseo de proteger a los seres amados. La gran prueba de masculinidad de la era moderna no es ir a los bosques y comer insectos para probar que podemos superar nuestro miedo en una audaz muestra de habilidades de supervivencia; es más bien aprender a proteger a las mujeres de nuestras vidas sin tratar de controlarlas.

Las quejas femeninas en realidad son súplicas por conexión

La protección en las relaciones comprometidas es diferente a la protección en una cita. El grito de batalla ya no es "al rescate" o "yo te solucionaré eso". La clave ahora es mantenimiento, empoderamiento, ayuda y amistad. Nuestras parejas se quejan cuando no les damos estas cosas, no para criticarnos (aunque pueda sonar como crítica) sino para alcanzar mayor conexión. Y nosotros tenemos que responder en forma protectora a sus súplicas, incluso cuando suenan como quejas.

La protección implica tener en cuenta las emociones más que el contenido de lo que ella dice. Usted puede estar en desacuerdo con el contenido, siempre y cuando la valore a ella. Si ella se siente valorada, se sentirá protegida y conectada, aunque usted no esté de acuerdo con ella. Si usted la valora, se sentirá protegido y conectado, incluso si ella no está de acuerdo con usted. Usted sabe cómo hacer eso; se trata precisamente de aquel vínculo del principio de su relación, que usted olvidó. La diferencia ahora es que usted es más reactivo a la superficie de las emociones de ella y es menos sensible a su vulnerabilidad subyacente. **Si ella fastidia o está resentida, enojada o muy ocupada para reconocer su existencia, es porque está ansiosa por algo. La conexión puede hacer disminuir la ansiedad de ella, pero su actitud defensiva, su retraimiento o su crítica pueden incrementarla.**

Amar es seguir el instinto de proteger y conectar

Hubo un tiempo en el cual su pareja, antes de ser su pareja, hablaba con usted sobre varias cosas que la hacían sentir ansiosa e insegura. Probablemente, usted respondía con una actitud protectora. Sabía intuitivamente cuándo estaba disgustada. Si ella sentía que no era tenida en cuenta, usted le prestaba más atención. Si llegaba a sentirse poco importante, usted le demostraba que era importante para usted. Si se sentía acusada, usted la reconfortaba. Si se sentía culpable, usted le ayudaba a sentirse mejor. Si se sentía sin méritos o rechazada, usted la valoraba más y la aceptaba; cuando se sentía impotente, inadecuada o desagradable, usted trataba de fortalecerla, le ayudaba a reconocer sus cualidades y la amaba más. Usted hacía todo esto como producto de un deseo natural de proteger a la persona amada.

Usted se enamoró porque fue capaz de conectarse, y fue capaz de conectarse porque se sentía protector. Todo comenzó a ir mal cuando usted empezó a considerar el impulso de cuidar de ella, que lo hizo sentir magnífico cuando estaban de novios, como algo que costaba mucho tiempo y dinero en una relación amorosa comprometida. Probablemente tuvo buenas razones para comenzar a sentirse así, pero en la medida en que sienta así, no encontrará soluciones viables para los problemas de tiempo y dinero. En otras palabras, **las cosas en efecto se pondrán peor hasta que usted decida ser protector con los miedos de su pareja, como acostumbraba serlo; y a largo plazo, esto costará mucho menos tiempo y dinero que una relación desconectada y un divorcio.**

Por supuesto, este cambio en su reacción a la ansiedad de su pareja le resulta confuso a ella, por decir lo menos. Ella estaba haciendo lo acostumbrado para invocar su protección: preocupándose o expresando necesidades, pero ahora provoca su rabia y resentimiento. Es como si una vez casado, usted esperara que ella nunca volviera a sentirse mal, o que al menos no mostrara que se sentía así. Cuando ella lo muestra, usted interpreta sus quejas como una acusación por su fracaso como protector.

¿Por qué proteger es mucho más difícil ahora?

El instinto protector era más fácil de asumir cuando evolucionaban los primeros humanos. Entonces estaba limitado a cosas como colocar una gran roca en la entrada de la caverna para que el tigre dientes de sable no pudiera entrar, y a pelear con otros depredadores y carroñeros para traer a casa algunas sobras de comida para alimentar a los seres amados y alguna piel para abrigarlos. Proteger significaba mantenerlos fuera de peligro y de privaciones graves.

El instinto de proteger a su esposa es el mismo de nuestros distantes ancestros: proteger a las hembras del frío, el daño y la privación. Pero los cavernícolas podían sentirse bien respecto a sí mismos como protectores en tanto podían mantener a sus familias vivas.

Esa es la clave: vivas. Si usted fallaba como protector o proveedor en ese entonces, eso significaba sin duda la muerte. Es por eso que el instinto de proteger genera una intensa ansiedad en el hombre moderno. Fallar en el deseo de regalarle a su mujer un collar no va a matarla, pero a usted puede producirle un terror al fracaso que se conecta directamente con los instintos de supervivencia que heredamos de nuestros ancestros, para quienes fallar significaba morir.

Usted resiente que su pareja le pida el collar porque lo hace sentir como un fracasado en su papel de proveedor. No que usted sea un fracasado como proveedor, eso no tiene nada que ver con un juicio racional; el terror al fracaso rara vez llega al plano consciente. Tengo un paciente multimillonario que es muy generoso con su esposa cuando se siente conectado, pero cuando no, se vuelve notablemente molesto respecto a sus gastos, los cuales, a lo largo de su relación, nunca han alcanzado a ser iguales al interés mensual de su fortuna. Y desde luego, cuando están desconectados, ella gasta más dinero.

Su pareja tiene que sentirse absolutamente segura todo el tiempo y conectada emocionalmente con usted durante mucho tiempo. Cuando no se siente a salvo, segura y conectada, inconscientemente sufre miedo al aislamiento, el cual, a su vez, estimula su miedo a la privación, lo que significa que probablemente compre más (para sí misma y para otros), coma y beba más, y en general consuma más. El incremento en ella de la pulsión de comprar y consumir estimula su terror al fracaso como proveedor. Si usted responde mediante críticas o huidas (desconexión), ella probablemente se inclinará a gastar más a medida que se embarcan en la espiral descendente del divorcio.

El amor es barato, la culpa es cara

Tiene que entender que la pareja no es la causa de su terror al fracaso, aunque ciertamente ella pueda recordarle que lo tiene. Por ejemplo, usted no se sentirá bien si ella se rinde y se niega el collar que realmente quiere, porque en un nivel profundo e irracional, usted piensa que debe dárselo. Y eso es lo que tiene que cambiar, el conflicto dentro de usted mismo. Si cuenta con ella para transformar su miedo al fracaso, usted no querrá siquiera que ella quiera el collar. Ella pecará con el pensamiento, si lo hace. Para protegerse del miedo al fracaso que los deseos de ella estimulan en usted, deberá alejarse. Sus necesidades y deseos se convertirán en extraños para usted, y con el tiempo se sentirá como si estuviera viviendo con una extraña. Se sentirá poco más que el cheque del sueldo, y ella sentirá que lo único que usted quiere es sexo. **Si usted quiere sentirse más que el cheque, tiene que comportarse como algo más que el cheque.** Tiene que conectarse con ella, hacerla sentir a salvo y segura, y proporcionarle apoyo emocional para su crecimiento y desarrollo.

¿Por qué el sexo es como un botón caliente?

Llegué a la pubertad antes de la publicación del Informe Kinsey sobre la sexualidad femenina. En ese entonces, nos sentíamos casi avergonzados de fantasear sobre tener relaciones sexuales con las chicas porque eso parecía muy egoísta; ellas no ganaban nada con eso. Y si lo hacían por nosotros, cuando no había nada para ellas, ¿qué querían a cambio? ¿Teníamos que ir de compras con ellas? ¿Hablar sobre temas de mujeres? ¿Dónde terminaría todo?

Fue entonces cuando supimos que a las mujeres realmente les gusta el sexo, pero que teníamos que hacerlo bien. ¡Hacerlo abrió una caja de secretos! El doctor Kinsey publicó el primer estudio científico para revelar que para las mujeres el sexo era mucho más complicado, requería mucha más preparación, y tomaba mucho más tiempo para ser satisfactorio. No teníamos que preocuparnos más por saber cómo llevar a una mujer a la cama; ahora realmente teníamos que preocuparnos por saber qué hacer una vez que estuviera en ella.

Ellos llamaron a esta preocupación masculina "ansiedad por la *performance**", una frase que apareció regularmente en los medios populares de comunicación, generalmente con la palabra nueva antes, como en "nueva ansiedad por la *performance*". Realmente no era nueva; el miedo masculino al fracaso como amante estuvo dando vueltas desde siempre, pero fue limitado a las desdichas de la disfunción eréctil y la eyaculación precoz. Esas ya eran suficientemente graves, y ahora teníamos que aprender sobre el juego preliminar, erguirlo y mantenerlo erecto el tiempo suficiente y con la "técnica" adecuada para que ella tuviera un orgasmo como un terremoto. Una cosa era que a uno lo rechazara una mujer a la que no le gustara el sexo, después de todo, era pedirle mucho a ella; pero otra muy distinta era que lo rechazaran a uno por no ser suficientemente bueno como amante. Una divertida indicación de esta amenaza para el ego del varón era la descripción, en las películas cómicas y de horror, de la mujer insatisfecha que rechaza.

A través de los años aparecieron miles de libros reforzando el mito de la *performance* del hombre mediante técnicas y consejos que podían hacer que la tierra temblara para ella. Pues bueno, he aquí un consejo gratis sobre cómo ser un gran amante: tenga una conexión emocional con ella. Lo más *sexy* que puede hacer es también lo más benéfico para su relación: cultive un alto nivel de compasión por su pareja.

Piense en una época en que quería tener relaciones sexuales y ella no. Probablemente no sea difícil recordar cómo se sintió. Pero para ella no es cuestión de vergüenza o humillación; es cuestión de miedo o ansiedad. Piense por un momento en cómo la ansiedad de ella sobre el tema puede hacer más difícil "estar dispuesta". ¿Ella temía que a usted no le preocuparan mucho sus sentimientos, que tal vez la dejaría o la rechazaría si no quería tener sexo? Piense en cómo podría hacerla sentir segura con simpatía y atención. Usted podría acariciar sus hombros, besar su frente, y decirle cuánto la ama incluso sin pensar en tener relaciones sexuales en ese momento. Otra

---

* *Performance* quiere decir actuación, realización, ejecución, pero se usa en inglés en muchas de las ciencias sociales (n. de la t.).

idea es hacerse cargo de una de sus responsabilidades habituales para ayudarle a liberarse del estrés. Muchas mujeres dicen que este es el mejor afrodisíaco.

Ahora piense en las veces cuando ella quería tener sexo y usted no. La ansiedad de ella estaría centrada en si todavía era atractiva o si tal vez usted la dejaría. ¿Cómo puede tranquilizarla con simpatía y cuidado? En realidad usted no quiere rechazarla. Podría satisfacerla sexualmente usando la estimulación oral o manual.

La compasión como la mejor protección

El secreto de una mejor vida sexual y una mejor relación es ser más compasivo y consciente del miedo y la ansiedad que se esconden detrás de las preocupaciones, ajetreos, solicitudes, quejas, demandas y molestias de su pareja. Hablo de un buen nivel de sensibilidad intuitiva hacia su vulnerabilidad, incluso cuando ella no la muestra. Esto es especialmente importante si parece que ella lo acusa de algo. Es natural ponerse a la defensiva cuando lo acusan. Pero la implicación cuando usted se defiende es que no considera el dolor de ella, y sólo se preocupa por defender su ego. El truco es responder automáticamente al punto vulnerable que está bajo la queja, y luego estar en desacuerdo con la acusación. La mayoría de las veces, cuando usted es comprensivo con el dolor de ella, ella retira o cuando menos modifica su acusación. Observe los siguientes ejemplos. Primero, escucharemos la respuesta defensiva común. Yo sería rico si recibiera diez centavos cada vez que escucho una variación de este argumento en mi consultorio.

"Nunca estás en casa", dice Sally cuando Jack llega tarde del trabajo. "Si piensas que voy a calentar tu comida, olvídalo. No soy tu sirvienta".

"He llegado temprano dos veces en esta semana", contesta él. "Tú sabes cuánto trabajo tenemos".

"Oh, dos días de cinco. Supongo que debo sentirme afortunada. Me casé para tener un marido el cuarenta por ciento del tiempo".

"¡Para qué me molesto en venir a casa cuando tengo que lidiar con esto!"

Este es el caso. Podría seguir igual durante toda la noche, y en ocasiones ocurre, volver a lo mismo y hacer intentos vanos por decidir quién está en lo correcto. ¿Él debe trabajar menos y pasar más tiempo con la familia, o ella debe ser más comprensiva y entender que él está trabajando por la familia?

Por supuesto, los dos tienen razón. Pero no se trata de elegir entre la familia y el trabajo. Ella habría entendido más la situación en su trabajo si se hubiera sentido conectada con él cuando estaba en casa. El problema es que él se siente culpable por no estar en casa y la culpa a ella por eso, lo cual lo hace insensible al hecho de que ella lo extraña. Piense en eso; ella se queja porque lo extraña y quisiera estar con él.

Ahora veamos cómo se presenta la situación cuando la compasión se antepone a la actitud defensiva.

"Nunca estás en casa", acusa Sally.

Jack coloca su maletín en el suelo y la abraza cálidamente. "También te extraño cuando tengo mucho trabajo. Mereces más atención. Quisiera que no tuviéramos tanto trabajo".

"¿Quieres que te caliente la comida?", pregunta ella.

La compasión no sólo lo sensibiliza hacia la vulnerabilidad que está bajo el resentimiento y el enojo de ella, sino que también los calma a los dos con la relajante conexión de la proximidad. Esto era lo que ambos querían en los innumerables diálogos defensivos que tuvieron antes: sentirse calmados y conectados. Sustituya la actitud defensiva por la compasión y verá que no tendrá que estar más a la defensiva.

Muchos resentimientos provienen de sentir que le está fallando a su pareja como protector emocional. Sólo hay una cosa que puede hacerlo sentir exitoso como protector emocional: *la compasión*.

A continuación, le ofrecemos los puntos claves para practicar la compasión hacia su pareja en una discusión:

- Entender su propia perspectiva más que sólo oponerse a la de ella (por ejemplo: los dos quieren enviar a sus hijos a colegios privados, pero ella se queja porque usted tiene que trabajar mucho más tiempo para pagarlos. En vez de atacar la posición de ella, piense por qué es importante para usted enviar a los niños a colegios privados y trabajar extra para conseguirlo).
- Identificar cualquier reacción defensiva que usted haya tenido (por ejemplo: me enfadé y quise hacerla callar).
- Identificar cómo se introducen la vulnerabilidad hacia el fracaso, la vergüenza, la pérdida de estatus o la inadecuación (por ejemplo: no gano lo suficiente para enviar a los niños a colegios privados y tengo mucho tiempo de sobra para ser un buen padre. Estoy fallando como proveedor, protector, pareja y padre. Para colmo de males, estoy muy cansado y estresado para ser un buen amante).
- Identificar la perspectiva de ella, como ella la relataría. No la transforme ni introduzca su propia perspectiva. Trate de usar las palabras que ella usaría para describirla (por ejemplo: si realmente lo quisieras, podrías pasar más tiempo conmigo y con los niños).
- Identificar su miedo más profundo (por ejemplo: cuando estoy estresado, parece que ella siente que no quiero estar con ella, y eso la vuelve temerosa respecto a la posibilidad de que la deje y ella no pueda enviar a los niños a colegios privados o comprarles cosas buenas).
- Incremente la conexión mediante estrategias que reduzcan su vergüenza y el miedo de ella al mismo tiempo (por ejemplo: le haré saber que su felicidad y el bienestar de los niños son las razones por las cuales trabajo tan duro y que quiero estar más conectado con ella cuando estoy en casa).

Algunos hombres tratan de evitar la compasión bajo el temor de pensar que pueda ser interpretado como debilidad, y se entregan a su gran terror: "que se aprovechen de ellos". **Si usted está pensando en términos de "debilidad" o explotación, su relación se ha ahogado en el resentimiento y usted probablemente se encuentra en un estado de impotencia crónica.**

¡Qué ironía! Para evitar sentimientos que pueden parecer "débiles", nos convertimos en seres impotentes e incapaces de mejorar nuestras relaciones, mientras esperamos desesperadamente que las cosas no empeoren. ¿No somos tan estúpidos sobre el poder y la debilidad, verdad? Qué bueno, porque eso no tiene nada de inteligente. Pero sí tiene mucho que ver con una contradicción en la definición cultural de masculinidad. Contestar la prueba del Debilucho, a continuación, puede demostrarlo. Mejor todavía, lea las preguntas y sus respuestas en voz alta.

Prueba del Debilucho

Escriba "hombre verdadero" junto a las frases que piensa que describen a alguien de valor, o "debilucho" junto a las que piensa que describen a un bobo.

1. Él tiene *miedo* de admitirse a sí mismo lo que realmente siente. ——
2. Él tiene *miedo* de asumir la responsabilidad sobre sí mismo y culpa a los demás por lo que piensa, siente y hace. ——
3. Él tiene *miedo* de interiorizar el poder, y en vez de eso se apoya en otras personas para que lo hagan sentir poderoso y sentirse bien o mal. ——
4. Él tiene *miedo* a la intimidad. ——
5. Él tiene *miedo* a ser compasivo. ——
6. Él se *esconde* detrás del resentimiento y la rabia porque tiene miedo de sentirse como un fracasado. ——

Conteste "sí" o "no" a las siguientes preguntas

7. ¿Un verdadero hombre tiene *miedo* de sentirse   ——
   herido? ¿Él necesita esconder sus sentimientos con
   rabia, resentimiento, retraimiento o agresión?
8. ¿Un hombre verdadero heriría los sentimientos de   ——
   su esposa para evitar unos segundos de rechazo, falta
   de respeto o desvalorización?

La prueba del Debilucho reformula los valores tradicionales del macho en términos de miedo, para mostrarle la contradicción en las definiciones culturales de la masculinidad. Muchas culturas describen la hombría como coraje: la capacidad de soportar el dolor y superar el miedo para proteger lo que más valora. Todavía las imágenes populares de masculinidad implican con frecuencia el terror a las emociones. El hombre Marlboro cabalga solo en el desierto para fumar hasta morir, porque hablar con una mujer podría causarle una emoción que no podría manejar. ¡Hablando de impotencia!

El auténtico poder

El poder no es la capacidad para hacer algo o para obligar a alguien a hacerlo. Por ejemplo, usted tiene el poder para estacionar su automóvil junto a un edificio, y puede ser capaz de coaccionar a su pareja para hacer lo mismo. Pero, ¿usted es poderoso si hace eso? Obviamente, usted sería un estúpido si lo creyera. Dispararse a usted mismo en el pie no es poder.

El poder es la capacidad para actuar en bien de sus intereses a largo plazo. Es actuar de acuerdo con lo que cree que son las cosas más importantes sobre usted. La compasión lo impulsa a mejorar, apreciar, conectar y proteger, mientras que su resentimiento lo disminuye a través del retraimiento o el ataque. ¿Qué es lo que actuará en bien de su interés y, por tanto, lo que más fortalecerá su relación?

La compasión es poder.

La paradoja de la compasión: si está disponible cuando se necesita, rara vez se necesita

Las investigaciones muestran que cuando la gente (hombres y mujeres) siente con certeza que la compasión y el apoyo estarán allí cuando los necesiten, es bastante más independiente. La preocupación por que no estén disponibles cuando se necesiten crea una mentalidad de privación. Puede entender la mentalidad de privación del siguiente modo. Si no ha comido en más de una semana, ¿se inclinaría a esperar una comida *gourmet* y a ingerirla con una servilleta en el regazo y a cortar los alimentos con mucho cuidado? ¿O bien se atiborraría con cualquier comida que pudiera meterse a la boca tan pronto como pudiera? Probablemente parecería más bien un lobo hambriento que un hombre comiendo en forma educada. Pues bien, lo último que quisiera para su pareja sería que estuviera tan hambrienta de apoyo emocional como un lobo. Eso la conduciría a pensar en sus necesidades emocionales todo el tiempo y a querer más y más atención, hasta que a usted le parezca que nunca tendrá suficiente. El truco es aplicar compasión preventiva en pequeñas dosis, así ella sabrá que siempre estará disponible cuando la necesite. Una vez que ella lo sepa, difícilmente sentirá que la necesita.

Usar la vergüenza como motivador: dar la cara

El problema de actuar para evitar sentir vergüenza es que anula su propio sistema de advertencia temprana, que le dice que tal vez está a punto de quemarse. Piense en su vergüenza como una alarma que le dice que necesita ser franco respecto a sus asuntos más importantes. Una vez que se da cuenta, comienza a sentirse mejor. Use la siguiente tabla para practicar esta habilidad crucial.

Copie la tabla y consérvela para practicar cada vez que pueda. La finalidad es cambiar la primera señal de evitar de vergüenza (quiero correr, etcétera.) por una señal de dar la cara y anotarse un punto de comprensión, valoración, protección y conexión. Los primeros intentos serán difíciles: usted estará navegando contra los vientos de la costumbre. Pero se volverán más fáciles a medida que los repita. Antes de que se dé cuenta, la experiencia de la vergüenza será una tenue sombra en la historia de su pasado emocional.

Ahora mismo, lea de nuevo la tabla ¡Tendrá que leerla muchas veces!

| Cada vez que ella critica, se queja, se enoja, se vuelve irritable, resentida, etcétera. | Yo me siento molesto, furioso, resentido, cansado, harto, etc. | Entonces quiero salir corriendo, arrastrarme hacia un agujero, gritar, tirar puertas, etc. | Pero si me obligo a entender que su miedo al aislamiento, la privación o el daño vienen de su deseo de amarme y sentirse amada por mí, | quiero protegerla sin tratar de controlarla, hacerle saber que me preocupa cómo se siente, apreciarla y conectarme mentalmente con ella, incluso si no puedo conectarme físicamente con ella en ese momento. |

Nota: si usted o su pareja sienten que necesitan trabajo extra en el tema del enojo, pueden acudir al sitio www.compassionpower.com (en inglés). La rabia puede ser un problema especialmente difícil si alguna vez ha sufrido una herida en la cabeza que le produjo pérdida de consciencia, o si consume más de una o dos bebidas alcohólicas por día. La orientación de este libro se dirige más hacia la prevención que a apagar incendios; busca poner a prueba de terremotos su relación para poder soportar tormentas ocasionales. Eso tiene el efecto de reducir la frecuencia y la dureza de las tormentas. Si no lo hace, tal vez necesite ayuda adicional para curar las heridas que produce su rabia.

El siguiente capítulo muestra cómo incorporar la conducta de proteger y conectar en su rutina diaria, lo cual puede hacer más fácil la tarea de responder en forma protectora a los miedos de su pareja.

Catorce

La Fórmula del amor poderoso

Cuatro minutos y tres cuartos por día para una relación poderosa

Hemos guardado lo mejor para el final. Si ha llegado hasta aquí, tiene derecho a la Fórmula del amor poderoso que, cuando se practica rutinariamente, crea el amor más allá de las palabras. La decisión para usar la Fórmula está en sus manos; esto quiere decir que **la conexión emocional profunda es una decisión personal** que usted puede tomar ahora mismo. Es correcto: usted puede elegir sentirse conectado con su pareja, igual que eligió sentirse desconectado. Y, en general, usted se gustará más a sí mismo cuando se sienta conectado y se sentirá mal (resentido, deprimido, ansioso, aburrido, insensible o furioso) cuando elija sentirse desconectado. Y hay más buenas noticias. Puede utilizar la Fórmula del amor poderoso usted solo. No necesita la cooperación de su pareja. Él o ella ni siquiera tiene que saber que usted la está utilizando. Lo que se sabrá es que su disposición emocional habrá tomado una nueva dimensión positiva porque usted eligió estar profundamente conectado. He aquí los cuatro pasos.

La Fórmula del amor poderoso

1. Fije firmemente a su pareja en su corazón durante cuatro momentos cruciales del día.
2. Abrace a su pareja seis veces al día durante seis segundos.
3. Tenga pensamientos positivos sobre su relación.
4. Haga un contrato para entregar amor con compasión y generosidad.

La clave de los grandes cambios está en las pequeñas emociones diarias. La idea es asegurar que los pensamientos y comportamientos que promueven la conexión sean parte de su rutina diaria. He aquí los detalles de cada paso.

1. Fije firmemente a su pareja en su corazón durante cuatro momentos cruciales del día

Nos gustan las canciones porque expresan la conexión emocional de una manera en que la mayoría de nosotros no lo puede hacer. Las canciones de amor ocasionales están bien, pero son innecesarias para una conexión más fuerte. Lo que es necesario es desarrollar una rutina que incluya tener a la persona más importante de su vida cerca de su corazón. Para hacer esto le pedimos que haga un breve gesto que reconozca el significado de su pareja. Puede repetir una oración como: "Eres tan importante para mí" o "Le das valor a mi vida". Puede ser simplemente extender la mano para tocarlo o hacer contacto visual. Sea lo que sea que usted elija, por supuesto, que debe venir del corazón.

Una vez que usted decida cuál será ese gesto de su corazón, practíquelo rutinariamente durante los cuatro momentos cruciales de cada día: 1. Cuando se levanta 2. Antes de irse de casa 3. Cuando regresa a casa 4. Antes de irse a dormir.

He aquí por qué estos momentos son cruciales. La investigación demuestra que las emociones de baja activación se encadenan una a otra en un flujo más o menos continuo, como un arroyo que comienza en la mañana y sigue durante el día. Si la primera emoción del día es positiva, es probable que la siguiente también lo sea. Y después se vuelve más probable que una después de otra sean positivas, y aún más probable que la siguiente sea positiva y así sucesivamente. En otras palabras, la experiencia emocional no es como lanzar una moneda al aire donde las probabilidades de cara o sello son siempre del 50 por ciento, sin importar cuántas veces se lance al aire. Las emociones anteriores influencian fuertemente las que siguen, formando arroyos positivos que siguen ganando importancia, como un arroyo que fluye montaña bajo, hasta que algo bueno o malo en el ambiente lo cambie. Piense en sus mejores días. Es muy seguro que muchos de ellos hayan comenzado con un gesto o un pensamiento positivo. Si usted comienza cada día con su pareja cerca a su corazón, no importa si él o ella lo saben, esto dará comienzo positivo al flujo de sus emociones y mejorará fuertemente su relación sin necesidad de hablar. Si usted hace estos pequeños reconocimientos de la importancia de su pareja verá dentro de pocas semanas que afirmar el valor de su pareja como la primera acción de la mañana es una de las mejores cosas que usted puede hacer por su salud y bienestar.

El segundo reconocimiento diario debe hacerse antes de dejar la casa por la mañana. Esto fija el tono para el tiempo en que los dos estarán separados. El tercero debe ocurrir cuando usted vuelve por la tarde. Fijar un tono positivo para las horas anteriores a irse la cama elevará el nivel de comodidad de toda la casa. Finalmente, justo antes de dormirse, de nuevo fije a su pareja cerca de su corazón. Esta rutina endulzará sus sueños y llevará su amor hasta la mañana siguiente.

2. Abrace a su pareja seis veces al día durante seis segundos

Usualmente los abrazos son la primera cosa que desaparece cuando el resentimiento se instala en la relación. Con el tiempo, no abrazarse se convierte en la fórmula del desastre. Es muy simple: entre menos se toquen, más resentidos se vuelven. La rutina siguiente, que toma 36 segundos al día, se ha diseñado para dar reversa en la espiral descendente de una relación sin abrazos.

Abrace a su pareja con un gran abrazo mínimo seis veces al día, por un mínimo de seis segundos cada vez. La fórmula seis-seis no es arbitraria. Probablemente ustedes no se abrazan más de una o dos veces al día por ahora. Al aumentar los abrazos a seis veces al día se facilita un nuevo nivel de cercanía. El mínimo de seis segundos por abrazo es porque al principio algunos de esos abrazos serán forzados. Pueden empezar forzados pero se volverán genuinos después del cuarto o quinto segundo, siempre y cuando ustedes estén todavía unidos y todavía no estén en la etapa de desprecio de la separación. Esta clase de abrazos aumentan los niveles de serotonina para producir un efecto calmante general que incluso puede ayudar a reducir el apetito. No es un mal negocio: usted se sentirá mejor en general y menos nervioso, irritable o triste en particular, y quizás baje un kilo o dos en el proceso de acercamiento.

3. Tenga pensamientos positivos sobre su relación

Esto es fácil. En algún momento del día de trabajo, tan a menudo como pueda hacerlo, deténgase por 10 segundos para pensar cosas positivas de su pareja. Anote tres aquí abajo:

_____
_____
_____
_____

4. Haga un contrato para entregar amor con compasión y generosidad

Haga un contrato que diga: "Así es cómo te mostraré mi amor todos los días".

Que sea breve y simple, como un contrato legal, y hágalo en un momento convenido mutuamente cada día. Para estructurar su contrato, trate de completar esta oración: "Si yo lo/la amara, yo..."

Ejemplos:

- Lo miraría a los ojos y le diría algo que realmente aprecio de él.
- Le dejaría saber lo importante que ella es para mí.
- Me dejaría consentir por él.
- Le diría cuánto me gusta verla feliz.
- Le expresaría que creo en él.
- Le mostraría cómo mi vida es mejor gracias a ella.

He aquí algunas cosas que nuestros clientes han dicho. "Por este medio me comprometo a..."

- Hablar en voz suave.
- Prender una vela para ti.
- Traerte el café a la cama por las mañanas.
- Tener preparado el desayuno para ti.
- Colocar una flor en tu plato.
- Colocar una nota de amor en algún lugar donde la encuentres.

Utilice la siguiente forma para su contrato:

CONTRATO

Por el valor recibido (el privilegio de amarte), yo, _____, en la dirección _____ de _____ (ciudad), _____ (país), designo a _____, en la dirección _____, de _____ (ciudad), de _____ (país), para recibir lo siguiente todos los días. Garantizo que yo:

_____
_____

Implementar la Fórmula del amor poderoso de manera rutinaria hará comenzar su viaje hacia un amor más allá de las palabras.

Contrario a lo que la mayoría piensa, la conexión profunda no se basa en gustos compartidos; esas cosas están muy bien, pero dan poca profundidad a las relaciones. La conexión profunda está basada en valores compartidos, lo que es más importante para usted. Las parejas profundamente conectadas comparten algunos de los siguientes valores:

- Aman a algunas de las mismas personas.
- Tienen capacidad para alguna clase de conexión espiritual (hacia algo más grande que ellos mismos, por ejemplo, Dios, la naturaleza, el cosmos, la humanidad, o causas políticas y sociales).
- Tienen la capacidad de apreciar (aunque no necesariamente las mismas cosas ni de la misma manera): la naturaleza; la belleza creada por el hombre (el arte, la música, la arquitectura, las artesanías y otras cosas); la conexión con ciertos grupos de gente (por ejemplo, los vecinos, grupos sociales, políticos, religiosos, o de la escuela).
- Tienen la capacidad de hacer cosas con compasión.

Haga una lista de las áreas de conexión profunda, basada sobre sus valores, que ustedes tengan o puedan desarrollar en la relación. Incorpore estos valores compartidos a los cuatro pasos de la Fórmula del amor poderoso. Cuando fije a su pareja en su corazón durante los momentos cruciales del día, recuerde los valores compartidos. Cuando esté abrazando a su pareja, recuerde los valores compartidos; cuando haga una pausa en el día para tener pensamientos positivos sobre su relación, recuerde los valores compartidos; y finalmente, utilice los valores compartidos para entregarle amor a su pareja con compasión y generosidad. Practicar estas rutinas creará un salvavidas emocional.

Salvavidas emocionales

Las parejas necesitan salvavidas para estar conectados, tal como los astronautas necesitan salvavidas durante una caminata espacial. Los salvavidas de los astronautas son una analogía adecuada porque permiten el máximo de movimiento al tiempo que mantienen conexión con la nave espacial. Los salvavidas emocionales nos mantienen conectados el uno al otro sin mantenernos atados.

Imagínese un salvavidas largo y flexible que los conecta a ustedes dos. No importa lo que estén haciendo o estén sintiendo, se mantienen conectados. Cuando están en sitios diferentes, están conectados. Cuando están ocupados en el trabajo, están conectados; incluso si están furiosos el uno con el otro, están conectados. Para acordarse del salvavidas emocional que los conecta a usted y a su pareja, escriba la siguiente oración en un papel y llévelo dondequiera que vaya. Haga una copia y désela a su pareja.

MI SALVAVIDAS HACIA TI

Yo _____ Tú

Estoy profundamente conectada a ti de las siguientes maneras. (Ejemplos: mi vida tiene más significado gracias a ti. Compartimos una historia importante. Cuando tengo problemas tú eres el que me consuela).

Si usted imagina que está constantemente conectado a través de un salvavidas invisible, toda su conducta emocional alrededor de su pareja cambiará para mejorar. Déle a su pareja tiempo para ver que su nuevo interés no es un capricho pasajero, y él o ella casi con seguridad responderá con aprecio y cariño. **El secreto de sentirse cerca de su pareja cuando están juntos es sentirse más cerca cuando están separados.**

Los comportamientos diarios y sencillos de la Fórmula del amor poderoso hacen que vuelva a sentirse sensible hacia el mundo emocional de su pareja. Solamente eso puede restaurar su relación al nivel en el que estaba antes de que la cadena de resentimiento lo volviera insensible hacia las cosas que más valora en él o ella. Esta rutina diaria de cuatro minutos y tres cuartos le ayudara a concentrarse y hacer mejor su trabajo y, en general, valorizará su vida. En otras palabras, usted va a reprogramar su cerebro para mayor cercanía. A través de estos breves rituales de conexión que pueden integrarse fácilmente en la rutina diaria, usted mejorará muchísimo su relación sin hablar del tema.

La salida para cuando el miedo y la vergüenza vuelvan a entrar

Aún con las mejores intenciones y con las mejores habilidades de relación del mundo, no se evitará por completo que se disparen el miedo o la vergüenza de su pareja. Afortunadamente, hay un modo para recobrarse rápidamente y reconectarse cuando esto suceda y la desconexión inevitable ocurra. La recompensa de la reconexión de la manera en que lo sugerimos es que reduce fuertemente la probabilidad de que lo haga de nuevo. Lo llamamos el proceso de las tres R.

Reconocimiento

Remordimiento

Reparación

Reconocimiento

Para reconocer el comportamiento que disparó el miedo o la vergüenza de su pareja, usted debe ser capaz de ver sus acciones desde el punto de vista de su pareja. Ésta puede ser una experiencia humillante, porque la forma más profunda de hacer daño es hacerlo a alguien a quien usted ama. Reconocer cómo su comportamiento, intencionalmente o sin intención, hizo daño a su pareja lo va a hacer sentir incómodo. ¡Admitir la culpa es tan difícil! Nadie quiere sentir la agonía que viene de saber que se ha causado sufrimiento a alguien, especialmente a alguien a quien se ama, pero sin embargo la única salida de este dolor es a través del mismo dolor. Usted debe ser capaz de reconocer el error de sus acciones o no podrá reconectarse de nuevo. La verdad es que aunque usted no lo admita, en algún nivel usted sabe por lo general cuando ha herido a su pareja. Usted podrá negarlo y reprimir sus sentimientos, pero la conciencia siempre estará ahí. Si usted es un hombre, tener conciencia de su insensibilidad hacia su pareja disparará sus sentimientos de inadecuación, y probablemente usted reaccione con rabia o retrayéndose. Si usted es una mujer, darse cuenta de su comportamiento dañino disparará su miedo y probablemente usted responda con invasión del espacio de él, con crítica, o rechazando su amor. Entre más rabia, retraimiento, crítica o rechazo existan en su relación, más va a necesitar reconocimiento, remordimiento y reparación. Y sólo porque la rabia y la crítica no se expresen abiertamente no quiere decir que no existan. Pueden tomar muchas formas. La rabia puede aparecer como hosquedad o irritabilidad, deseo de controlar, retraimiento, hacer pucheros, aplazar, estar preocupado o ser pasivo-agresivo. La crítica puede tomar la forma de una actitud que juzga, que es condescendiente, quisquillosa, que culpa, habla incesantemente, insiste en su propio punto de vista, o hace las reglas; las variaciones son infinitas. Ya puede ver por qué no reconocer su comportamiento dañino puede abrir un profundo surco entre usted y su pareja.

La razón principal por la que el reconocimiento es tan importante es la siguiente: usted no va a cambiar un comportamiento que piensa que no existe. **Mientras usted niegue su comportamiento dañino que provoca el miedo o la vergüenza en su pareja, no actuará de manera diferente.** Esto significa que el miedo, la vergüenza y el resentimiento van a aumentar. En contraste, reconocer sus errores induce la compasión. Es verdad. Si su pareja viene hacia usted y le pide perdón de corazón por la forma en que él o ella lo han maltratado, su inclinación natural será hacia la compasión.

Reconocer que ha herido a alguien, tener consciencia de su comportamiento, puede venir en el momento de la trasgresión o después. Idealmente usted se da cuenta antes de que su pareja herida tenga que llamar su atención. ¿Se acuerda de Leticia y Bo que empezaron la dinámica miedo-vergüenza cuando iban a casa después de la reunión de la escuela de él? Leticia no reconoció que había sido insensible a los sentimientos de Bo hasta que él estalló en furia. Si se hubiera dado cuenta antes, incluso cuando estaba hablando por teléfono, hubiera podido evitar más daño si pide perdón: "Lo siento tanto. Contesté el teléfono por costumbre. Me interesa mucho más lo que tú digas que cualquier llamada". De igual manera Bo podría haber reconocido la ansiedad de Leticia por el timbre del teléfono y no tomarlo tan personalmente. Cuando usted reconoce el error sin que se lo digan, esto construye mucha confianza, porque una persona que se da cuenta de sus errores probablemente no lo va a herir de la misma manera otra vez. En contraste, una persona que no reconozca su comportamiento ofensivo ofrece pocas esperanzas para el cambio y construye una pared de resentimiento.

Incluso si usted reconoce su comportamiento insensible sólo después de que su pareja le haya llamado la atención, usted puede seguir a los pasos dos y tres: remordimiento y reparación. Y de paso, nunca es tarde para reconocer su culpa. A medida que aprende a conocerse y a conocer a su pareja será más claro por qué ha sido difícil que su pareja confíe en usted. No espere a tener una discusión para pedir disculpas. Piense solamente cómo se sentiría si su pareja le dijera un día algo tan simple como: "Gracias por aguantarme". O si él quisiera hacer una gran celebración de aniversario, reconocer que quedarse junto a él merece un reconocimiento. Incluso si su insensibilidad ocurrió hace mucho tiempo en una relación previa, nunca es tarde para reconocer su comportamiento dañino hacia la otra persona. Puede que el reconocimiento no cambie el pasado, pero puede evitar que usted cometa los mismos errores en el futuro. Se sorprenderá al ver que pedir perdón a alguien de su pasado tiene un efecto positivo sobre su relación presente, especialmente si después de pedir perdón usted sigue al siguiente paso: el remordimiento.

Remordimiento

El reconocimiento sin remordimiento es como pedir perdón sin estar convencido o como tomar un baño sin jabón. Es mejor que nada pero no ayuda mucho en la construcción de confianza o en reducir la vergüenza y el miedo. Decir: "Sé que te hice daño" sin sentir lo que es estar herido no restaurará la conexión. Hablar no cambia el modo de caminar. Hace falta el aspecto correctivo del remordimiento para que el mismo comportamiento insensible no ocurra otra vez. El verdadero reconocimiento, reconocer cómo su comportamiento hirió a su pareja, traerá remordimiento a menos que usted esté solamente hablando por hablar o que tenga la psiquis de un criminal.

El remordimiento que usted siente cuando ha herido a alguien se compone de pesar, culpa y arrepentimiento. Este sentimiento es tan incómodo por una razón. Porque duele para así obtener su atención, para recordarle no hacerlo de nuevo. Una vez que su cerebro conecte el comportamiento ofensivo al dolor del remordimiento, usted evitará este comportamiento. De esta manera el remordimiento es correctivo. El deseo de evitar la angustia que trae el remordimiento nos mantiene leales a nuestra palabra y a nuestro mejor comportamiento. No se puede confiar en alguien que no siente remordimiento porque a esa persona no le va importar si lo hiere a usted.

La gente madura y saludable siente remordimiento cuando desilusiona o hiere a otros, pero eso no es todo. El remordimiento debe saber caminar. Debe llevar hacia la reparación, una acción correctiva, o no podrá curar la herida.

Reparación

Si usted ha reconocido y ha sentido remordimiento pero se ha negado a enmendar, se ha acercado a la reconciliación duradera pero no lo suficiente. Porque todavía no ha desactivado la bomba vergüenza-miedo escondida en los sótanos de su relación. Acercarse pero no lo suficiente puede crear más distancia y resentimiento porque su pareja tendrá esperanzas que luego se verán frustradas.

Cuando usted activa el miedo o la vergüenza de su pareja, los dos resultan heridos. La reparación cura las heridas de los dos. Somos una especie que perdona; el reconocimiento, el remordimiento y la reparación hacen posible que su pareja lo perdone y que usted se perdone a sí mismo.

La reparación puede ir de muchas formas. Por ejemplo, las mujeres se inclinan más a hacer una reparación verbal. Eso está muy bien siempre y cuando la conversación se acompañe de un cambio de comportamiento. Para que la reparación sepa caminar, sus acciones tienen que ser diferentes. Si Leticia dijera: "Siento tanto haber hecho que ese llamada telefónica fuera más importante que tú, por favor perdóname", y después volviera a contestar el teléfono durante la siguiente conversación, la reparación no habría tenido lugar. Si ella hubiera dicho un simple "Siento mucho" y hubiera seguido sintonizada con Bo en lugar del teléfono, su reparación hubiera sido efectiva. Ya que las mujeres tienden a hablar sobre un problema hasta el cansancio, un hombre estará mucho más convencido con un cambio de comportamiento en vez de una letanía de excusas. Incluso si su intento de reparación es sentido y sincero, él será escéptico y no perdonará hasta que el comportamiento de ella compruebe que sus palabras son confiables. Y de paso, ella no se perdonará a sí misma hasta que cambie su comportamiento. *Es mucho más efectivo hablar menos y hacer más.* Permita que sus acciones hagan la reconexión con su pareja.

Los hombres, por otra parte, tienden a hablar menos o a no hablar en sus intentos de reparación. Es más probable que un hombre intente reparar con algún comportamiento nuevo como: "Vamos a tomar un helado" o "¿Puedo ayudarte en algo?" Puede haber un problema si una mujer está esperando que él venga a ella con una versión femenina de la reparación en lugar de reconocer su comportamiento nuevo y mejorado que es una manera de reconectar. Una queja común que oímos de los hombres es: "Yo hago cambios pero ella no los ve. Lo único que ve es lo que hago mal". Imagínese lo desalentador que es hacer intentos difíciles de reparación sin obtener reconocimiento por parte de su pareja.

Conclusión: no espere que su pareja lo haga como usted lo hace.

Es mucho más fácil ver el comportamiento ofensivo de su pareja que ver el propio y, contrario a la creencia popular, las mujeres no son mejores en esto que los hombres. En los más de cincuenta años de experiencia combinada trabajando con parejas, ni Pat ni Steven han visto a una mujer que traiga a su pareja a terapia y diga: "Realmente es muy difícil vivir conmigo. Por favor ayúdenme a ser una mejor pareja". Los hombres y las mujeres luchan por igual con la habilidad de ver la vida con visión binocular. Pero si cada uno practica el reconocimiento, el remordimiento y la reparación junto con la Fórmula del amor poderoso, se concentra en su motivación y "se lanza al charco" cuando sea necesario, encontrarán el amor más allá de las palabras.

Conclusión

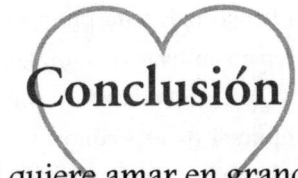

Si quiere amar en grande, tiene que pensar en pequeño

Es bueno tener ocasionalmente fines de semana románticos, cenas íntimas y magníficas vacaciones, pero no espere que eso tenga un efecto positivo a largo plazo sobre su relación. A menos de que esté acompañado por una rutina cariñosa, es más posible que tengan un efecto negativo por el cansancio físico y la desilusión psicológica de volver a la rutina monótona (y eso es antes de que lleguen las cuentas de las tarjetas de crédito). Para lograr un amor más allá de las palabras, usted tiene que cultivar pequeños momentos de conexión día a día.

Como ya hemos explicado, usted puede sentirse conectado siempre que quiera, simplemente eligiendo estar conectado. Incluso puede hacer esto en la mente, si su pareja no está disponible. Usted lo puede hacer tanto cuando esté irritado con su pareja como cuando esté encantado con él o ella, si de verdad quiere hacerlo. ¿Y por qué querría usted hacerlo si él está actuando como un imbécil o ella lo está fastidiando? Bien, por un lado, él actuará menos como un imbécil si se siente conectado con usted y ella lo fastidiará menos si sabe que a usted le importan sus sentimientos. Pero la razón más importante es que usted se gusta más a sí mismo cuando se siente conectado con la gente que quiere que cuando no. Usted se gusta más a sí mismo cuando es leal a las cosas más importantes sobre usted que cuando no lo es.

Una de las frases más destructivas que sale de la terapia moderna y de los libros de autoayuda es "satisfacer sus necesidades" o su variación "¿Y qué hay de mí?" Esas palabritas, y las actitudes egoístas que representan, han hecho más para promover los derechos y resentimientos y menos para cultivar el amor, la pasión y la conexión que cualquier otra cosa que pretenda ser un consejo para la relación. Van en la dirección opuesta de una conocida ley de la interacción humana: hay que dar lo que se espera recibir. Si quiere compasión, hay que ser compasivo; si quiere amor, tiene que dar amor; si quiere cooperación, tiene que cooperar; si quiere aprecio, usted tiene que apreciar día a día.

El sacudón nocturno de la vergüenza y el miedo

He aquí algo pequeño pero poderoso que puede hacer todas las noches para lavar lo que queda de la vergüenza y el miedo ocultos, que puedan haberse acumulado durante el día: un simple abrazo nocturno. Pero no se trata del abrazo de seis segundos; probablemente sea un abrazo que dure más que eso.

Mientras esté en los brazos del otro, trate de sentir el miedo bajo su estrés, ansiedad o depresión. Sienta la sensación de fracaso que se esconde bajo la tensión, las exigencias, el resentimiento o los

Conclusión

sinsabores del día. No trate de hablar. Solamente permita que el calor del abrazo lave cualquier mancha de miedo o vergüenza. Alivie y déjese aliviar. Deje que el abrazo lo convenza de que su conexión es más importante que cualquier cosa que tema o cualquier cosa que le cause vergüenza.

Los momentos más profundos entre dos personas ocurren cuando sus emociones vibran al unísono, tranquilizando sus diferentes puntos vulnerables y elevando sus corazones hacia el simple gozo. Cuando la conexión emocional va más allá de la conversación, las mujeres se sobreponen a las asfixiantes limitaciones de sus ansiedades, y los hombres abandonan el destructivo comportamiento de evitar la vergüenza. La mejor protección para el miedo y la vergüenza son la compasión, el aprecio, y el sentido de conexión que es tan profundo, flexible y fuerte que crea el amor más allá de las palabras.

Agradecimientos

Para Katheleen McFadden, cuyo tercer ojo, exigencia tenaz de claridad y enorme talento de escritora fueron parte vital de este libro. Le agradezco especialmente por las horas interminables que gastó trabajando duramente con cada palabra de cada página. Para Kris Puopolo; sí, aquí es donde me vuelvo sentimental, porque escribir es lo más terrorífico que he hecho. Su apoyo, ánimo y entusiasmo me han dado el valor para continuar escribiendo a pesar del hecho de que soy solamente una autora, no una escritora. No sólo eso, ella tomó un manuscrito al que le sobraban cincuenta y cinco mil palabras y lo convirtió en un libro sin dejar de lado nada importante. Su edición logró este producto jugoso y pulido. Para Jim Levine, quien ha sido mi agente fantástico, gracias por la enorme cantidad de tiempo personal que invirtió en cada aspecto del libro. Para Suzie Bolotin, por darnos el título del libro. Y finalmente, porque este libro debía estar listo cuando el huracán Katrina llegó y sucedió que al mismo tiempo un huracán emocional llegó a mi vida, quiero agradecer a los amigos que me sostuvieron durante un período en el que mi mundo se derrumbaba.

Pat Love

Agradecimientos

Solamente puedo duplicar la gratitud que expresó Pat hacia Kathleen, Kris, Jim y Suzie. Gracias a ellos, hacer este libro fue una experiencia estimulante. Como siempre, mi inspiración primordial viene de mi madre, Barbara McCrocklin, y de Christine y Carmen, quienes me hicieron creer, de maneras diferentes, que yo podía ser una buena persona. También agradezco a los miles de pacientes que me han inspirado con su valor y su voluntad de cambiar viejos hábitos que ocultaban a las personas compasivas que en realidad eran. Debo agradecer especialmente a Stephanie, por su apoyo emocional durante las etapas difíciles de la escritura. Finalmente, estoy agradecido con las muchas mascotas que he tenido, las cuales me hicieron sentir curiosidad para llevar a cabo la investigación etológica sobre las emociones de los animales sociales, que son importantes para entender las nuestras. Ellas también fueron y son gran compañía.

Steven Stosny